HEYNE FILMBIBLIOTHEK

CATHERINE
DENEUVE
Ihre Filme - ihr Leben

von FRANÇOISE GERBER

Deutsche Erstveröffentlichung

WILHELM HEYNE VERLAG
MÜNCHEN

HEYNE-BUCH Nr. 32/67
im Wilhelm Heyne Verlag, München

Deutsche Übersetzung: Antoinette Gittinger
Redaktion: Dr. Ulrich Berls/Peter Magdowski

Inhalt

Für
Françoise Dorléac
und
Françoise Arnould

DANKSAGUNG

Ich danke für ihre Mitarbeit: Les Films du Carosse, Les Editions Cinémania, la Librairie de la Fontaine, Sipa Press, Michel Grisolia, Guy Braucourt, Jacques Demy und Jacques Chancel.

Ganz besonders möchte ich Françoise Arnould für ihre Hilfe und ihre wertvollen Ratschläge danken, ohne die das Buch nicht zustande gekommen wäre.

Einleitung

---

*»Der Erfolg erzeugt Gewohnheiten und Lüste,
die manchmal schwer zu verstehen sind.«*
Catherine Deneuve

Es gibt Schauspielerinnen, die durch ihre starke Persönlichkeit faszinieren, uns durch die Echtheit ihres Spiels betören, selbst wenn die Schönheit im klassischen Sinn des Wortes, das heißt die Vollkommenheit ihrer Züge, sie nicht zu einem Traumwesen macht ... Aber sind wir im Atomzeitalter, in einer Zeit, in der Mord an der Tagesordnung ist, überhaupt noch fähig, zu träumen?

Am Sternenhimmel der Siebten Kunst erloschen die »Stars«, verjagt durch den Wind des Realismus und der Gewalt oder in ein Universum gestellt, in dem sie nicht überleben konnten. Die Lombard ist viel zu früh von uns gegangen. Doch wer erinnert sich an sie? Die Garbo, diese Sternschnuppe, verschwand mit ihrer geheimnisvollen Aureole in der Versenkung. Marylin erlosch ganz einsam an einem Augustabend, ohne den drohenden Wind abzuwarten ... Vorbei sind die verrückten Zeiten Hollywoods und sein Gepränge, als nerzbehangene Schauspielerinnen Traumautos entstiegen und uns auf weißer Leinwand in ihren Bann zogen, uns zum Träumen brachten ... Nach und nach verdunkelte sich der Himmel. Ein allzu helles Licht erschien am Horizont, spiegelte das nüchterne Alltagsleben wider. Ein Projektor in einem dunklen Raum symbolisiert nicht mehr den Spiegel unser unwirklichsten Träume, sondern lediglich den Alltag, der uns gefangenhält. Lebt wohl, Carole, Greta und Marylin ...

Heute liebt das Publikum Diane Keaton und ihre Jeans. Jane und Vanessa gehen Hand in Hand auf die Straße, um

zu demonstrieren, verstehen es aber nach wie vor, uns im Kino zu fesseln. Ihr Talent ist unbestritten, doch besitzen sie auch diesen zarten Charme der Geschöpfe, von denen man nicht weiß, ob sie wirklich existieren oder nur Teil einer fiktiven Traumwelt sind? Wir befinden uns in einer Zeit der bösen Jungs, in der Al Pacino anstelle von Humphrey Bogart tritt und Travolta James Dean spielt, allerdings ohne dessen Charme und magnetischen Blick eines verirrten Kindes zu besitzen, der so rührend wirkte.

Die großen Filmfestivals haben ihren exzentrischen, unvergeßlichen Luxus verloren, stellen nur noch mißlungene, langweilige Veranstaltungen dar. Die Croisette, das ehemalige Traumparadies, ist nur noch ein Treffpunkt der Produzenten, für die Schauspiel und Geld unvereinbar scheinen. Die Starlets sind davongeflogen ... Doch an meinem Filmhimmel glänzt ein Stern, dessen zartes Licht nicht schwächer wird und meine naive, ja kindliche Traumwelt erhellt: Catherine Deneuve. Sie ist voller Lebendigkeit und von einer vielleicht hoffnungslosen, doch in ihrer fiktiven Realität greifbaren Lichtaura umgeben. Wie durch ein Wunder hat sie die Geheimnisse der ehemaligen Stars geerbt, ist aber dabei greifbarer, da sie einer modernen Welt angehört, die nichts mehr mit den goldenen Jahren des Films zu tun hat. Sie ist gewissermaßen ein zum Leben erweckter Traum.

Catherine hat ein makelloses Gesicht voll verhaltener Sinnlichkeit, einen undurchdringlichen Gesichtsausdruck, ihr braun-grüner Blick wirkt träumerisch und verzweifelt ... Eigentlich ist es unwichtig, ob ihre Haare blond oder braun sind, dominierend ist das Gesicht, das von einem geheimnisvollen Licht erhellt wird. Catherine erinnert an Perraults Märchenfeen.

Sie wirkte wie ein frischer Wind, als sie mit dem Benehmen eines jungen zarten, wohlerzogenen Mädchens mit straff nach hinten gekämmten Haaren in der sogenannten »nouvelle vague« (Neue Welle) des französischen Films in

10

Erscheinung trat, nachdem sich das Publikum kaum von den Eskapaden einer Bardot erholt hatte, die den »Mythos« Martine Carol zu verdrängen suchte. Nach *Le fils de Caroline Chérie* (Dunkelroter Venusstern, 1954), *Et Dieu créa la femme* (... und immer lockt das Weib, 1956) wirkte Jacques Demys Film *Les Parapluies de Cherbourg* (Die Regenschirme von Cherbourg, 1963) in dieser Welt der entfesselten Erotik voller Anmut. Der Film stellte keine der üblichen Provokationen, auch keine marktschreierische Reklame dar, sondern faszinierte zusammen mit der Protagonistin durch Ursprünglichkeit und Einfachheit. Die Leute strömten ins Kino, um über die unglücklichen Lieben einer kleinen Regenschirmverkäuferin zur stimmungsvollen Musik von Michel Legrand zu weinen. Dieser Film brachte etwas Neues: Pastellfarben, eine unsagbar melancholische Geschichte, doch vor allem Musik. Den ganzen Film hindurch wurde gesungen, was in Frankreich eine erste und einmalige Erfahrung darstellte. Das Publikum war gefesselt vom Charme der jungen Schauspielerin, ohne jedoch den Klang ihrer Stimme zu kennen: Sie wurde im Film gedoubelt, da sie nicht singen konnte. Konnte sie nur spielen? Nicht nur. Doch ihre zarte Person und ihr Aussehen, das dem einer Bilderbuchprinzessin glich, waren eng mit der romantischen Persönlichkeit Geneviève Emerys, der kleinen Regenschirmverkäuferin, verbunden.

Ihre Darstellung in *Les Parapluies de Cherbourg* sollte den Auftakt für eine internationale Karriere bilden. Es ist richtig, daß Jacques Demy ihr eine goldene Brücke baute, denn *Les Parapluies de Cherbourg* wurden die »Parapluies de France«, dann die »Parapluies du monde«. Nachdem der Film zahlreiche Preise erhalten hatte, darunter die Goldene Palme in Cannes, wurde er auch in Japan, in England und vor allem in Amerika, das wahrlich auf dem Gebiet der musikalischen Komödie nichts mehr zu lernen braucht, ein Erfolg. Der Film brachte etwas ganz Neues,

typisch Französisches, war ein Wunder an Ausgewogenheit. Schauspieler und Sänger, Musik und Bauten harmonisierten vorzüglich. Hinter einem hübschen Refrain, der einem nicht aus dem Sinn geht und den man gerne vor sich hinträllert, steht das Bild eines jungen blonden Mädchens, das weinend auf dem Bahnsteig von Cherbourg steht ... Catherine Deneuve »ist« die Geneviève des Films, es ist unwichtig, daß die schöne Stimme, die sie doubelt, Danielle Licari gehört und nicht ihr.

1963 begann ihre Karriere. Catherine sollte eine der größten Schauspielerinnen werden. Sie drehte mit Rappeneau, der Varda, Deville, Demy (vier Filme, davon drei Musikfilme), Cavalier, Truffaut, Melville, Lelouch und vielen anderen und machte Filme mit großen ausländischen Regisseuren wie Polanski, Buñuel, Aldrich, Bolognini oder Risi.

Ihre Filmwahl basiert auf der Eklektik: junge bürgerliche Frau oder Prostituierte, verrückte Schizophrene oder große italienische Komtesse. Sie läßt sich nicht in ein Schema pressen. Von Anfang an war sie so klug, die Rollen, die sie spielen sollte, selbst zu wählen, überließ es niemand anderem, sich um ihre Karriere zu kümmern. Sie gesteht, daß sie mehr durch das Thema oder den Regisseur eines Films angezogen wird als durch die Rolle. Wenn ihr der Film gefällt, läßt sie sich durch keine Schwierigkeit schrecken, zögert nicht, für Marcel Camus eine Blinde, für Agnès Varda eine Stumme und für Luis Buñuel eine Frau mit einem Bein zu spielen ...

Catherine konzentrierte sich lange auf dramatische Rollen, scheint sich aber nun mehr der Komödie zuzuwenden, enthüllt uns eine ganz andere Seite ihres Talents, indem sie eingesteht, daß sie gerne lacht und zum Lachen animieren möchte.

Catherine Deneuve repräsentiert den Star des französischen Films (obwohl sie dieses Attribut verschmäht), der durch seine geheimnisvolle Persönlichkeit eine Sonderstellung einnimmt. Die Leute reagieren entweder völlig allergisch auf ihre zwiegespaltene und geheimnisvolle Persönlichkeit oder bewundern sie, kennen sie aber nur oberflächlich, wagen es nur mit Vorbehalt, sie zu lieben, aus Angst, ihr zu nahe zu kommen, wie man Angst hat, einen Traum zu zerstören.

Ihr Privatleben macht keine Schlagzeilen in der Skandalpresse. Wenn manchmal doch irgendwelche Indiskretionen an die Öffentlichkeit gelangen, ist das nicht ihr Verschulden. Vielleicht interessiert sie sich für Politik, doch sie äußert sich nicht dazu, zieht es vor, ihren Namen für notleidende Kinder oder eine Kampagne gegen den Krebs herzugeben.

Auch wenn sich Catherine Deneuve gleichzeitig als Frau und Schauspielerin sieht, besteht für das Publikum eine Kluft zwischen Privatleben und Beruf, und das ist ganz normal. Es gibt keine Bilder von Catherine Deneuve und ihren beiden Kindern, auf denen sie für die Regenbogenpresse eine heile Welt vorführen. Wenn sie voller Wärme und Begeisterung über ihren Beruf spricht, empfiehlt es sich nicht, sie mit indiskreten Fragen über ihr Privatleben zu bombardieren, denn sie würde sich nur geschickt herauswinden oder trocken erklären, daß dies ihre Sache sei. Zweifellos wurde ihr aus diesem Grund vor einigen Jahren der »Prix Citron« verliehen, ein Preis, den die Schauspielerin erhält, die der Presse gegenüber am verschlossensten und am unfreundlichsten ist.

Doch wenn sie Vertrauen zu jemandem gefaßt hat, öffnet sie bereitwillig die Tür zu ihrem Geheimgarten, spricht über die Liebe, ihre Kinder oder ihre Eltern. Doch manchmal, mitten im Gespräch, überschattet sich ihr Blick, als ob sie sich an das Drama eines Juniabends des Jahres 1967 erinnerte, als sie durch den Tod ihrer älteren Schwester, der sie sich wie ein Zwilling verbunden fühlte, ein Stück von sich selbst verlor.

Die Wunde sitzt tief in ihrem Herzen, ist immer noch

frisch. Sie spricht nie oder nur selten über Françoise. Ihr verweintes Gesicht schmückte aber nicht das Titelblatt von »France Dimanche« oder anderen Zeitungen. Sie vergoß ihre Tränen im geheimen, entfloh den Journalisten und den Kameras ...

Ihre Erinnerungen, das Geheimnis eines für immer verlorenen Glücks, sind in ihrem Gedächtnis eingegraben, werden schweigend unter Verschluß gehalten.

Sie schweigt, als befürchte sie, durch Reden auch noch diese letzte Erinnerung zu zerstören. Die eine mußte viel zu früh scheiden, und die andere blieb unglücklich zurück.

Ein Hauch von Melancholie in ihrem Blick wird sofort wieder durch ein Lächeln verdrängt. Das geschieht so schnell, daß wir zweifeln, ob wir richtig gesehen haben. Catherine besteht aus Kontrasten. Sie ist unwirklich und wirklich, traurig und heiter, warmherzig und distanziert ...

Man kann sie sich nicht als »die Frau von nebenan« vorstellen, denn immer erscheint sie uns wie eine Märchenfigur, sei es als Prinzessin in *Peau d'Ane* oder als Kabarettsängerin in *Zig-Zig*. Niemals werden ihre glatten Züge durch Vulgarität entstellt, und da sie so unerreichbar ist, begeistert sie, denn man brennt danach, mit jeder neuen Rolle etwas mehr von ihr zu erfahren, mit jeder neuen Aufnahme, die ihr Gesicht, das alle Geheimnisse in sich zu bewahren scheint, zeigt.

Ihre vielschichtige Persönlichkeit fasziniert oder verärgert, denn das Publikum liebt es, sich seinen Stars im Alltag nahe zu fühlen, was bei Catherine Deneuve unmöglich ist, im Gegensatz zu Schauspielerinnen wie zum Beispiel Annie Girardot, die viel zugänglicher ist. Nie gehört uns Catherine Deneuve ganz ...

Als moderne Frau mit einem klassischen Gesicht stellt man sie sich gern ganz bürgerlich vor, in einer Wohnung im 16. Arrondissement, mit einem Mann und Kindern, doch dieses Bild entspricht nicht der Wirklichkeit. Sie ist sehr unabhängig, nahm bereits mit zwanzig Jahren ihr Leben selbst in die Hand und richtete es nach ihrem Geschmack aus. Die Ehe betrachtet sie nicht als Muß. Sie heiratete weder den Vater ihres Sohnes, noch den ihrer Tochter. Ihre erste und einzige Ehe ging sie vor ungefähr fünfzehn Jahren mit David Bailey ein.

Die Jahre gehen, wie es scheint, spurlos an der Deneuve vorbei. Da und dort entdeckt man um die Augen herum winzige Fältchen, die ihr schmeicheln, ihrem Gesicht ungewohnte Sanftheit verleihen. Ihr Sohn Christian ist heute fast zwanzig und Chiara elf Jahre alt.

Catherine Deneuve gilt heute als ernstzunehmende Schauspielerin »made in Paris«, die strahlt und perlt wie ein Glas Champagner. Die Schauspielerin, die die Amerikaner zur »schönsten Frau der Welt« erkoren, ist ein Star, der in keine Norm zu pressen ist. Sie ist weder extravagant noch kapriziös, besitzt aber die hollywoodsche Ausstrahlungskraft, die beeindruckt. Egal, ob sie ein langes schwarzes Abendkleid, einen Nerzmantel oder Jeans und Tennisschuhe trägt: ihre Haltung ändert sich nicht. Sie wirkt distinguiert, elegant, respekteinflößend. Es ist einfach, ihr gegenüber hinterhältig zu sein, doch Aggressivität ist hier nicht angebracht. Sie entwaffnet durch einen einzigen Blick, durch ihr ruhiges Auftreten, das einstudiert zu sein scheint, um, wie sie mit eigenen Worten sagt, »ein zu hitziges Temperament« zu verbergen.

Sie ist intelligent genug, um sich bewußt zu sein, welche Vorstellung das Publikum von ihr hat, ein Image, gegen das sie manchmal protestiert, ohne es aber zu leugnen ...

KAPITEL I

Das Entstehen eines Image

Catherine Deneuve wurde am 22. Oktober 1943 in Paris geboren. Die französische Hauptstadt und ein kleines Dorf an der Seine bilden die Kulisse für ihre Kindheit, die sie mit ihren drei Schwestern verbringt. Ihre Eltern sind auch Schauspieler und lassen ihr eine klassische Erziehung zuteil werden, zuerst bei den Schwestern, dann im Lyzeum. Ihre Kindheit und Jugend verläuft ruhig und glücklich im Schoß einer intakten, wohlhabenden Familie. Der Vater, der Schauspieler Maurice Dorléac, verdient seinen Lebensunterhalt mit Theatertourneen und Synchronisationsarbeiten beim Film, während die Mutter, Renée Somonot, sich tagsüber um die vier Mädchen kümmert und abends auf der Bühne steht. Seit frühester Jugend ist den Schwestern Dorléac die besondere Welt des Theaters vertraut, ohne daß sie jedoch das »Artistenleben« im zigeunerhaften Sinn kennenlernen. »Ich habe nie in einem chaotischen Artistenmilieu gelebt, in dem man irgendwann zu Bett geht und in dem ständig Schauspieler das Haus bevölkern. Meine Eltern sind keine Bohemiens: sie spielen Theater und das Theater ist eine Disziplin. Außerdem ist es ein Beruf, der vor allem abends ausgeführt wird, was uns ermöglichte, tagsüber ein völlig normales Leben zu führen.«

Die Mädchen Dorléac wuchsen genauso auf wie alle jungen Mädchen ihres Alters. Sie fühlten sich aufgrund des Berufs ihrer Eltern auch nicht anders als ihre Schulkameraden. Doch bald wurde eine von den vier Töchtern vom Virus der Schauspielleidenschaft erfaßt. Françoise, achtzehn Monate älter als Catherine, entschied sich schon sehr früh, Schauspielerin zu werden. Sie sah im Theater eine Berufung und war wild entschlossen, Erfolg zu haben.

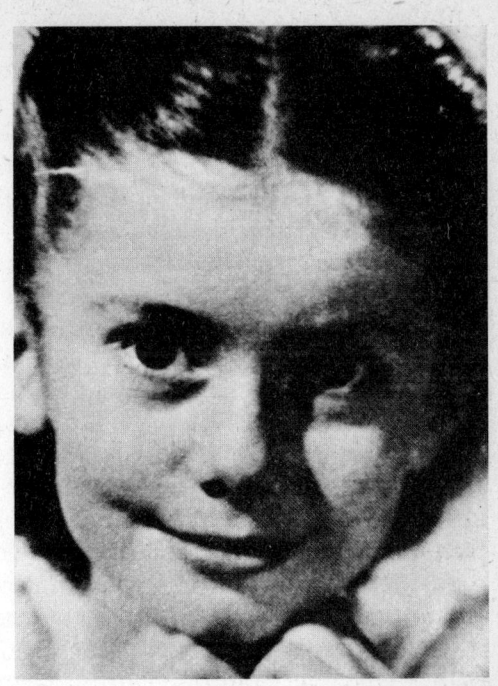

*Catherine als
kleines Mädchen*

Unter den vier Schwestern stehen sich Françoise und Catherine am nächsten, fühlen sich fast wie Zwillinge. Altersmäßig stehen sie zwischen Danielle, der Ältesten und Sylvie, der Jüngsten. Wenn man von der einen spricht, denkt man sofort an die andere, zumindest in ihren ersten zwanzig Lebensjahren. Sie teilen das Zimmer miteinander und gestalten sich von klein an ihre eigene Welt, in der Jungmädchenträume einen großen Raum einnehmen. Dennoch sind diese beiden zwillingsähnlichen Schwestern sehr unterschiedlich: Françoise träumt von einer großen Karriere als Bühnenschauspielerin, sie ist schwärmerisch veranlagt und bezaubernd. Catherine schwebt auch gerne auf Wolken, doch sie ist reservierter und zeigt keinerlei Interesse für die Bühne.

Mit fünfzehn verläßt Françoise die Schule und geht auf das Konservatorium in Paris. Ein Traum wird für sie Wirklichkeit, der Höhepunkt einer langen Wartezeit.

Ihre starke Persönlichkeit und ihr großes Talent führen sie langsam aber sicher dem wohlverdienten Erfolg zu.

Nach einem vielversprechenden Anfang im Théâtre Antoine in Paris, wo sie die Gigi von Colette darstellte, wandte sich Françoise Dorléac dem Film zu.

Zu dieser Zeit geht Catherine noch zur Schule. Sie weiß noch nicht, was sie machen möchte, ist immer noch träumerisch, ohne konkrete Zukunftspläne. Der Film reizt sie nicht, obwohl sie voller Bewunderung den Aufstieg ihrer Schwester verfolgt. Noch mehr als Françoises Ruhm bewundert sie ihre ungestüme, entschlossene Persönlichkeit, die bewirkt, daß sie alles, was sie sich vornimmt, erreicht: »Françoise war viel entschlossener als ich. Sie wußte genau, was sie wollte, packte alles mit Schwung an. Sie besaß das heilige Feuer. Ich nicht. Mit fünfzehn hatte ich noch keine abgerundete Persönlichkeit. Weder hatte ich ein festes Ziel, noch eine besondere Neigung. Ich träumte ...«

1959 bekommt Françoise Dorléac eine der Hauptrollen in *Les Portes claquent* (Die kleinen Sünderinnen) nach einem Stück von Michel Fermaud angeboten. Man brauchte für ihre Rolle noch eine Schwester, und Françoise schlug die eigene vor.

Catherine war immer noch unschlüssig und betrachtete den Film als eine Sache, die nicht ernstzunehmen sei. Sie ließ sich aber von der Begeisterung ihrer Schwester anstecken und war bereit, in diesem Film eine kleine Rolle zu spielen. Sie hatte gerade Schulferien und es konnte auch nicht schaden, wenn sie etwas Taschengeld verdiente.

Aus der brünetten Catherine Deneuve, die mit fünfzehn Jahren ohne große Begeisterung beim Film anfing, um ihrer großen Schwester einen Gefallen zu erweisen, wurde zwei Jahre später, nach einigen kleinen unbedeutenden Filmen die blonde Catherine. Sie begegnete Roger Va-

Catherine Deneuve als junges Mädchen, 1959

dim, dem verführerischen Regisseur mit dem teuflischen Ruf, der nach Brigitte Bardot und Annette Stroyberg eine neue Egeria suchte ...

Catherine war siebzehn, Vadim zweiunddreißig. Sie verliebten sich ineinander, als sie in einem Nightclub zusammen Charleston tanzten. Zu dieser Zeit betrachtete Catherine den Film immer noch nicht als zukünftigen Beruf für sich, sondern mehr als Amüsement. Viel mehr als die Filmschauspielerei interessierte es sie, den Mann fürs Leben zu finden und ein glückliches Privatleben zu führen. Vadim bot ihr die Möglichkeit, beides miteinander zu verbinden. Sie verließ ihre Familie und lebte mit ihm zusammen. Bereits zu diesem Zeitpunkt hatte dieses junge Mädchen mit dem makellosen Gesicht gegenüber der Ehe eine unerbittliche Einstellung. Sie sagte ja zum Leben zu zweit,

In ›Les Portes Claquent‹ (Die kleinen Sünderinnen, 1960)

Mit Vadim

aber nein zum Standesamt. Ihre Eltern waren überrascht, Françoise bestürzt. An der Seite Vadims beschloß sie, eine Filmkarriere anzustreben und nahm den Mädchennamen ihrer Mutter an, damit es keine Verwechslung mit Françoise gebe. Die Haare färbte sie blond. Man sah sie in einem Sketch von Marc Allégrets Film *Les Parisiennes* (Pariserinnen, 1960) neben Johnny Hallyday. Dann bot ihr Vadim die Hauptrolle in seinem Film *Le vice et la vertu* (Laster und Tugend, 1962) an. Ihre Partner waren Annie Girardot und Robert Hossein.

Roger Vadim war dafür berühmt, aus seinen Lebensgefährtinnen Filmstars zu machen. Mit Brigitte Bardot hatte

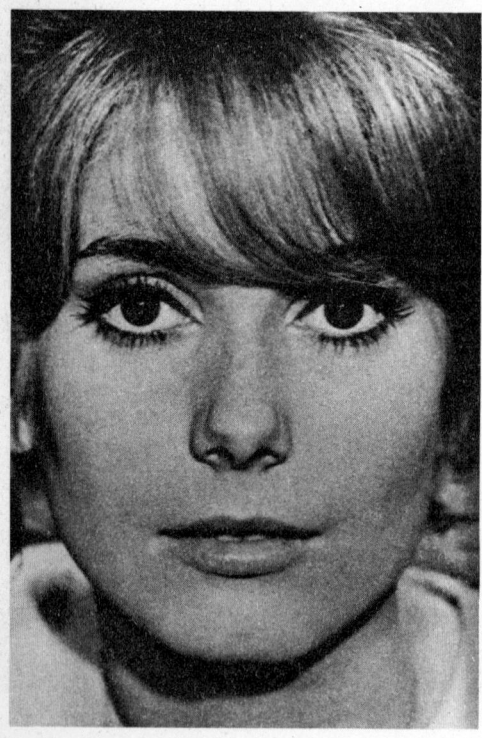

In ›Les Parisiennes‹
(Pariserinnen, 1961)

In ›Le vice et la vertu‹ (Laster und Tugend) von Vadim, 1962

er einen guten Griff getan, doch sein zweiter Versuch mit
Annette Stroyberg erwies sich fast als Reinfall. Mit Catherine Deneuve erlebte er einen totalen Flop. In einer Rolle,
die ihr nicht lag, erschien sie als blasse Kopie von Brigitte
Bardot, deren spritzige Persönlichkeit ihr fehlte. Vadim
begeht den Fehler, alle Frauen ins gleiche Schema pressen
zu wollen; er versteht es nicht, ihre ureigene Persönlichkeit zu entfalten, stempelt sie zu blonden Püppchen mit rosigem Teint, sehr sexy und sehr weiblich … Den gleichen
Fehler beging er auch bei Jane Fonda. Kann man in der
Barbarella die großartige Schauspielerin von *Julia* (1977)
oder *Coming home* (Coming home – Sie kehren heim,
1977) entdecken?

Le vice et la vertu (Laster und Tugend) hätte für Catherine Anfang und Ende bedeuten können. Noch ein solcher

27

Film und ihre Karriere wäre zu Ende gewesen. Doch da trat Jacques Demy auf den Plan. Er hatte ein wundervolles Drehbuch vorzuweisen und war bereit, den großen Merlin zu spielen, um ihr Talent aufzudecken.

Jacques Demy zählte nach seinem ersten Spielfilm *Lola* (Das Mädchen aus dem Hafen, 1960) mit Truffaut, Chabrol, Rohmer und einigen anderen zu dem von Françoise Giroud als »Nouvelle Vague« titulierten neuen französischen Film. Nach dem Erfolg von *Lola* hatte Demy ein neues ehrgeiziges Projekt. Es sollte ein Farbfilm werden, der von Anfang bis Ende gesungen werden sollte – ein ganz neues Experiment. Er hatte die noch brünette Catherine Deneuve in einer kleinen Rolle neben Mel Ferrer und Danielle Darrieux in *L'Homme à Femmes* (An einem hei-

›Les Parapluies de Cherbourg‹

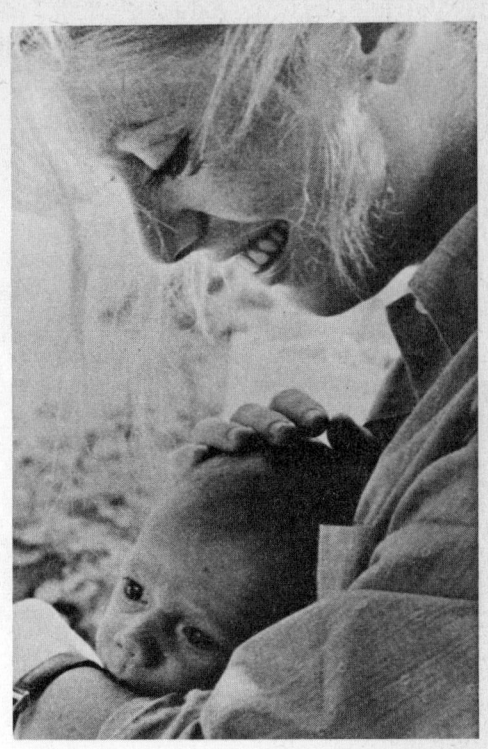

Catherine mit ihrem
Sohn Christian, 1963

ßen Nachmittag, 1960) gesehen und erblickte in ihr die
ideale Besetzung für seinen neuen Film.

In Zusammenarbeit mit dem Komponisten Michel
Legrand paßte er die Dialoge jedem einzelnen Schauspieler an. Danielle Darrieux sollte die Mutter der Protagonistin spielen, doch das klappte nicht. Auch an Micheline
Presle dachte er, doch schließlich übernahm Anne Vernon
die Rolle. Als er mit Catherine zusammentrifft, sagt er
enttäuscht: »Sie entsprechen in keiner Weise mehr meiner
Protagonistin.«

Catherine trägt jetzt ihre blonden Haare seltsam frisiert
und ist mit ihrem Sohn Christian schwanger, der am 18. Ju-

In ›Les Parapluies de Cherbourg‹ (Die Regenschirme von Cherbourg, 1963)

ni 1963 geboren wird. Sie entspricht keineswegs mehr dem jungen Mädchen aus *L'Homme à Femmes*. Demy bittet seine Frau Agnès Varda, Catherine taktvoll zu einer anderen Frisur zu überreden, denn dieses hochdressierte Gebilde kann er nicht ausstehen. Agnès Varda greift zu einer Bürste, kämmt Catherines Haare nach hinten und macht ein paar Fotos von ihr. So wird ihr Gesicht frei und Catherine hat ihren Stil gefunden. Jacques Demy ist entzückt und engagiert sie sofort für die Rolle der Geneviève, das junge Mädchen in seinem Film *Les Parapluies de Cherbourg* (Die Regenschirme von Cherbourg, 1963).

Dieser Film erntet weltweiten Erfolg und wird zum Klassiker.

Mit Nino Castelnuovo in ›Les Parapluies de Cherbourg‹

Catherine ist eine zarte Elfe mit sanftem Lächeln. Sie bewegt sich während des ganzen Films mit unnachahmlicher Grazie, ist umgeben von blassem Rosa, hellem Grün und Goldgelb, voller Zartheit, romantisch und verliebt zuerst, dann melancholisch und resigniert, immer in völliger Harmonie mit der Musik Michel Legrands. Sie versteht es hervorragend, jede Seelenverfassung wiederzugeben, zu zeigen, wie Leidenschaft der Vernunft weicht. Deneuve war hier in ihrer ersten großen Rolle mit einer Persönlichkeit konfrontiert, die ihr glich, und sie spielte diese Geneviève erstaunlich realistisch, voller Nuancen und versteckter Scham. Sie begeisterte mit ihrem Spiel und ließ vergessen, daß die melodiöse Stimme gar nicht die ihre war.

Mit Anne Vernon in ›Les Parapluies de Cherbourg‹

Nach ihrem großen Erfolg in *Les Parapluies de Cherbourg* eilte sie von Film zu Film.

Man sah sie in Edouard Molinaros, *La Chasse à l'Homme* Caccia al maschio (Jagd auf Männer, 1964), bei dem die gefragtesten Schauspieler der sechziger Jahre mitspielten: Jean-Paul Belmondo, Claude Rich, Jean-Claude Brialy, Marie Laforêt und … Françoise Dorléac. Doch die beiden haben in diesem Film keine einzige gemeinsame Szene.

Philippe de Broca, der mit seinem Film *L'Homme de Rio* (Abenteuer in Rio, 1963) mit Françoise Dorléac und Jean-Paul Belmondo phänomenalen Erfolg hatte, engagierte Catherine als Partnerin von Jean-Pierre Cassel, damals ein populärer Star, für die Film-Adaptation des Romans von André Cousteau *Un Monsieur de Compagnie* (Ich war eine männliche Sexbombe, 1964). Auch wenn diese liebenswürdige Reflexion über die Faulheit nicht mit dem *L'Homme de Rio* zu vergleichen ist, ist es ein hübscher Film mit wunderschönen Aufnahmen von Catherine.

Als nächstes spielte Catherine neben Samy Frey in *Avec Amour et avec rage* (1964), doch dieser Film ist heute in Vergessenheit geraten.

Erst im Jahre 1965 machte Catherine zwei bedeutende Filme, die sich jedoch völlig voneinander unterschieden. Nach der dramatischen Rolle in *Répulsion* (Ekel) spielte sie in der leichten Komödie *La Vie de Château* mit und zeigte damit ihr doppeltes Talent für dramatische Rollen, und für die leichte Muse.

Ihre Darstellung in *Répulsion* beweist ihr Bestreben, nicht als romantische blonde Schauspielerin mit rosigem Teint festgelegt zu werden, was nach ihrem Film *Les Parapluies de Cherbourg* durchaus zu befürchten war. Die Rolle der Carol Ledoux, dieses jungen belgischen Mädchens, das in London lebte und an Wahnsinn litt, war für Catherine eine Gelegenheit, sich nicht auf eine bestimmte Persönlichkeit festlegen zu lassen, ohne jedoch dabei das Image, das das Publikum von ihr hatte, zu zerstören. *Répulsion,* Roman Polanskis zweiter Spielfilm, ist ein Meisterwerk mit dokumentarischem Charakter, eine echte Fallstudie der Schizophrenie oder die »Landschaft eines Gehirns«, wie es der Regisseur beschreibt. Auch wenn sich hier noch nicht das Genie von *Cul-de-Sac* (Wenn Katelbach kommt, 1965) abzeichnet, läßt *Répulsion* einen Regisseur mit einmaligem Talent erahnen. Für die Rolle der Carol brauchte man eine Schauspielerin mit undurchdringlichem Aussehen, deren Taten in krassem Gegensatz zu ihrem Äußeren standen. Wer eignete sich dafür besser als Catherine? Ihr Gesicht mit der eisigen Klarheit zeigt einen Dämon mit Engelsgesicht. Ihr Blick ist verloren, sie

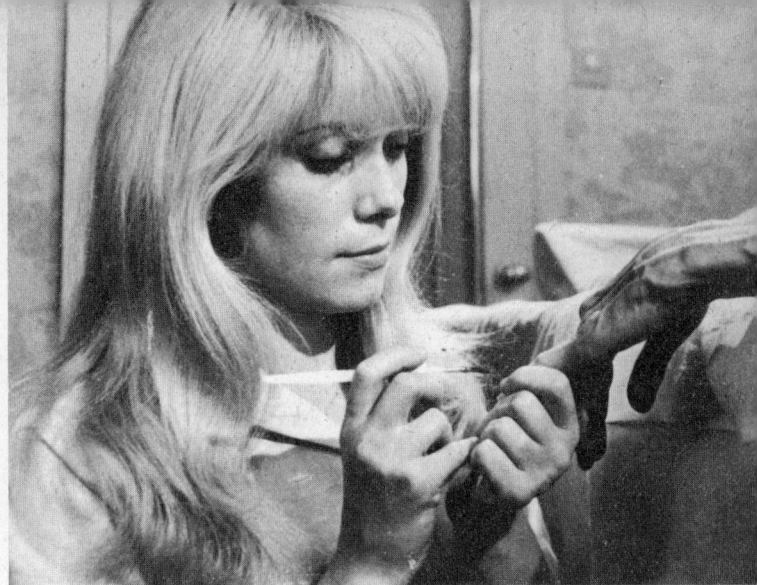

In ›Repulsion‹ (Ekel, 1965) von Roman Polanski

Linke Seite: ›Un Monsieur de Compagnie‹ (Ich war eine männliche Sexbombe) von Philippe de Broca, mit Jean-Pierre Cassel, 1964

wirkt träumerisch und sanft, während ihr Wahnsinn fortschreitet und sie dazu treibt, ihre beiden Besucher zu töten, zuerst ihren liebenswürdigen Verehrer Colin, dann den Wohnungsinhaber. Als sie von ihrer älteren Schwester und deren Liebhaber allein gelassen wird, gibt sie sich ihren delirischen Phantastereien hin und zerstört sich selbst.

Die Person der Carol ist ungeheuerlich, doch Catherine verleiht ihr trotz des Grauens eine gewisse Poesie, so daß wir geneigt sind, Carol mehr als Opfer zu betrachten und nicht als ein Ungeheuer, das zu verurteilen ist. Hier zeigt sich am deutlichsten die Zauberkraft von Catherines Spiel, denn obwohl wir zwei Stunden lang an ihrer Seite einen echten Alptraum erleben, gleitet das Grauen hier nicht zur Farce ab, was diese Art von Gattung vermuten läßt; es wird vielmehr das Auftreten eines unheilbaren Wahnsinns gezeigt, der die Protagonistin in totale geistige Verwirrung stürzt.

Répulsion bedeutet einen Höhepunkt in Catherine Deneuves Karriere, denn hier zeigt sich uns eine ganz andere Seite ihres Talents. Für sie bedeutet dieser Film die Begegnung mit einem genialen Regisseur: »Ich verdanke Roman Polanski viel und habe die besten Erinnerungen an die Dreharbeiten zu *Répulsion*. Roman hat mir viel beigebracht; nicht irgendwelche Banalitäten, sondern wichtige Dinge …« Catherine hatte für ihren ersten im Ausland gedrehten Film in englischer Sprache eine gute Wahl getroffen. Dieser Film wird mit Sicherheit nicht in Vergessenheit geraten und für sie bedeutete er einen weiteren Schritt zu internationalem Ruhm.

Im Jahre 1965 spielt sie, wie erwähnt, auch ihre erste leichte Rolle. Jean-Paul Rappeneau machte seinen ersten Spielfilm *La Vie de Château,* der ein großer Erfolg wurde. Nachdem er für die Titelrolle dieser Komödie, die sich während der deutschen Besatzung abspielte, lange zwischen Catherine Deneuve und Françoise Dorléac geschwankt hatte, entschied er sich schließlich für Catherine. Vielleicht wollte er sie in neuem Licht zeigen, beschwingt und komisch, da sie bis jetzt nur ernstere Rollen gespielt hatte. Neben Mary Marquet, Pierre Brasseur, Henri Garcin und Philippe Noiret legt Catherine bewundernswerte Leichtigkeit an den Tag. Sie ist hin- und hergerissen zwischen einem deutschen und einem englischen Soldaten, die sich bemühen, ihren Ehealltag aufzulockern. Sie erhält auch ihre erste bemerkenswerte Ohrfeige, die ihr Pierre Brasseur in seinem unnachahmlichen Stil verpaßt. *La Vie de Château* wird ein großer Erfolg. Dieser Film ist eine Mischung aus Humor und Zärtlichkeit, ohne die geringste Vulgarität. Mit Recht erhält er den Prix Louis-Delluc.

Jean-Paul Rappeneau und Catherine Deneuve arbeiten

erst zehn Jahre später wieder zusammen, bei *Le Sauvage* (Die schönen Wilden, 1975).

Im selben Jahr drehte Catherine Deneuve noch *Le Chant du Monde* (Und die Wälder werden schweigen, 1965) von Marcel Camus. Neben Charles Vanel und Hardy Krüger spielte sie die Rolle einer jungen Blinden. Danach verläßt sie Frankreich und geht für einige Jahre nach England.

London erlebte in den sechziger Jahren ein ganz besonderes Jahrzehnt: den Rhythmus bestimmten »vier Jungs«, die »in« waren mit ihren Pilzköpfen und einer Musik, die vom verrücktesten Rock and Roll und dem romantischsten Slow geprägt war. Eine ganze Generation fand sich in

In ›Repulsion‹ (Ekel, 1965) von Roman Polanski

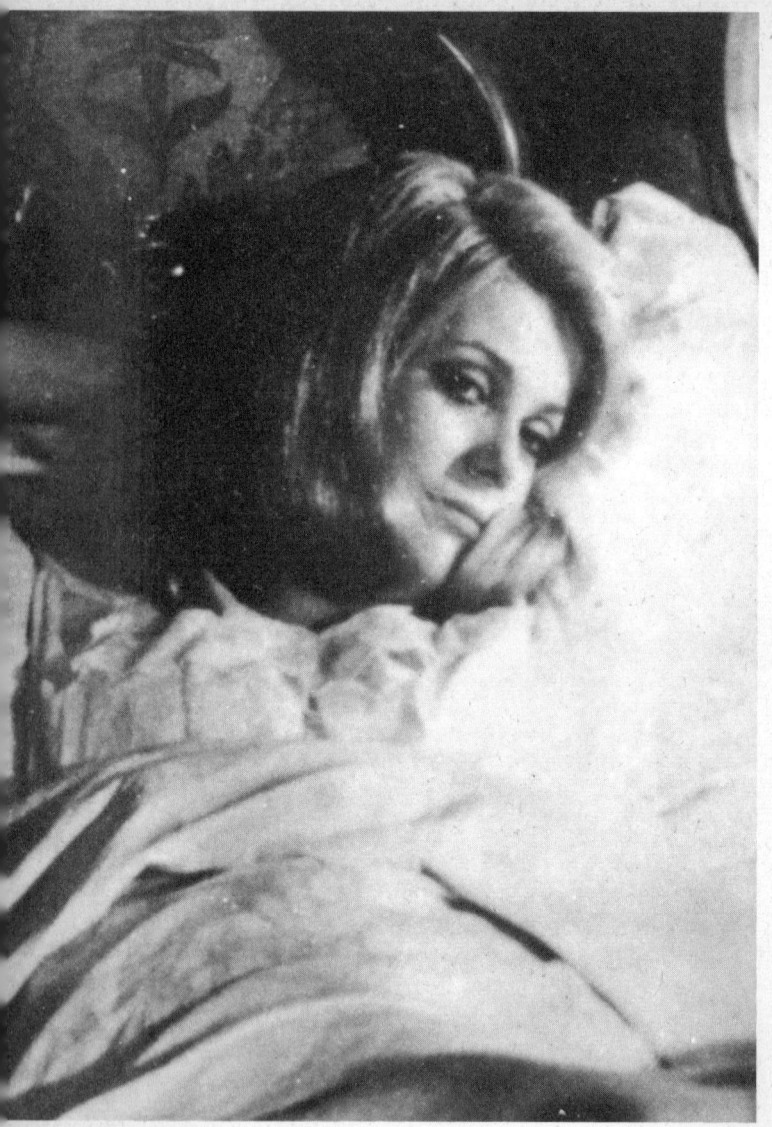
›La vie de Chateau‹ von Jean-Paul Rappeneau, 1965

Mit David Bailey

den Beatles wieder, sie wurden richtungsweisend für eine Jugend in Jeans und Miniröcken.

Prinzessin Anne »jerkte« vergnügt in den Nightclubs; die ganze Welt entdeckte voller Begeisterung einen neuen Stil in der Musik, in der Mode und überhaupt einen völlig neuen Lebensstil »made in England«.

Catherine Deneuve wurde von dem allgemeinen Taumel in der britischen Hauptstadt erfaßt und heiratete im August 1965 einen jungen englischen Fotografen, das lebende Symbol des »Swinging London«. Es war David Bailey. Sie, die sich immer gegen die Ehe ausgesprochen hatte, wurde ihrem Grundsatz untreu und wurde Mrs. Bailey. Heute, da sie endgültig davon überzeugt ist, daß die Ehe nichts für sie ist, erinnert sie sich lächelnd an diese

Mit Françoise Dorléac in ›Les Demoiselles de Rochefort‹, (Das Mädchen von Rochefort, 1966)

Zeit: »In den Verhältnissen, in denen wir lebten, dachten wir, vor allem er, daß die Ehe für uns eine Form sei, uns geborgener zu fühlen. Dann stellte ich fest, daß dies für mich nicht zutraf, man müßte schon sehr religiös sein oder die Ehe als sicheren Wert ansehen. Für mich ist sie überflüssig. Ich finde, man müßte den Kindern beibringen, daß man Vater und Mutter hat und die Eltern nicht zwangsläufig miteinander verheiratet sein müssen.«

Sie heiratete in Schwarz, er in Jeans, und ihre Schwester Françoise Dorléac und der Sänger Mick Jagger waren Trauzeugen.

Catherine wohnte mit David Bailey und ihrem Sohn Christian neben dem Primrose Hill, posierte für VOGUE

40

Mit Françoise Dorléac in ›Les Demoiselles de Rochefort‹, (Das Mädchen von Rochefort, 1966)

und PLAYBOY und eilte über den Ärmelkanal, um ihre Familie zu besuchen oder einen Film zu drehen, denn ihre junge Filmkarriere spielte sich weiterhin vor allem in Frankreich ab. Wir sehen sie in Agnès Vardas Film *Les Créatures* (Die Geschöpfe, 1965) neben Michel Piccoli. Sie spielt darin eine junge stumme Frau, doch die Fremdartigkeit des Themas und der etwas zu intimistische Charakter des Films ließen ihn zu einem Reinfall werden.

Rochefort-sur-Mer, 1966. Die kleine düstere Stadt zeigt sich in ihrem bunten Festtagsgewand: alles in Rosa, Gelb und Blau. Jacques Demy erfüllt sich nach seinem Erfolg mit *Les Parapluies de Cherbourg* einen Traum: er möchte einen Musikfilm in Farbe, mit Chansons und Balletteinlagen inszenieren. Demy schreibt in Zusammenarbeit mit Michel Legrand, der erneut die Filmmusik macht, die Dialoge und Chansontexte, die Choreographie für das Ballett überträgt er dem Amerikaner Norman Maen, und er überlegt sich welche Darstellerinnen für *Les Demoiselles de Rochefort* (Das Mädchen von Rochefort, 1966) in Frage kommen.

Der Film erzählt die Geschichte von Zwillingsschwestern. Die eine ist Musikerin, die andere Tänzerin und beide suchen den idealen Mann. Hintergrund bildet Rochefort mit seinem Jahrmarkt. Alles dient als Vorwand für zwei Stunden Tanz, Traum und Gesang. Jacques Demy und Mag Bodard fassen zuerst Brigitte Bardot und Audrey Hepburn als Darstellerinnen ins Auge, doch die Wahl fällt auf die Schwestern Dorléac. Sie sind für diese Rollen prädestiniert, da sie auch im Leben Schwestern sind. Françoise spielt die Solange und Catherine die Delphine. Die eine ist rothaarig und die andere blond, wie im Leben. Sechs Jahre nach dem Film *Les Portes claquent* (Die kleinen Sünderinnen, 1960) stehen die beiden Schwestern wieder gemeinsam vor der Kamera. Für Catherine und Françoise sind die dreimonatigen Dreharbeiten, bei denen sie tanzen, singen und lachen, ein einziges Wiedersehensfest. Neben Gene Kelly, Georges Chakiris, Danielle Darrieux und Michel Piccoli strahlen die Schwestern Dorléac vor Jugend und zarter Schönheit. Sie ergänzen sich großartig und zeigen die Vielfalt ihres Talents.

Les Demoiselles de Rochefort werden ein voller Erfolg. Demy brachte ein seltenes Kunststück zustande: ein gelungenes, begeistert aufgenommenes französisches Musical. Bei der Uraufführung des Films organisiert eine große Tageszeitung eine Umfrage, um zu erfahren, welche der beiden Schwestern vom Publikum bevorzugt wird – aber natürlich werden sie gleich gut bewertet. Delphine, die Blonde, und Solange, die Rothaarige, besitzen einen unwiderstehlichen Charme und es ist unmöglich, sie zu tren-

Mit Françoise Dorléac in ›Les Demoiselles de Rochefort‹, neben Agnés Varda

nen. Nach Cherbourg entdeckt man Rochefort-sur-Mer und läßt sich von Jacques Demys filmischen Feuerwerk gefangennehmen. Auch die Amerikaner genießen den französischen Charme der *Young Girls of Rochefort*. Die berühmte Titelmelodie der Zwillinge ist in aller Munde.

Der Journalist Michel Grisolia fand zu einer klugen und genauen Analyse von Jacques Demys Film: »… *Les Demoiselles de Rochefort* besitzen die Lebendigkeit eines schönen, poetischen Heute. Mit guten Wortspielen und feinsinnigen Formulierungen, wird eine Wahrhaftigkeit erreicht, nach der Gene Kelly in den ohrenbetäubenden »Girls« von Cukor vergeblich suchte. Demys Sprache ist eine Mischung aus Traum und Realismus, voller seltsamer kleiner Gedichte, eine Wunderwelt der Töne und Gleich-

Premiere in Paris von ›Les Demoiselles de Rochefort‹, mit David Bailey

klänge, wie man dies sonst nur bei Cocteau findet. Es gab Prévert und Kosma und es gibt Demy und Legrand. Hier ist die Musik kein Vorwand, sondern enthüllt seelische Wunden mit der richtigen Stilisierung (die unvergeßliche Françoise Dorléac singt mit einem Augenzwinkern aus dem melancholischen Repertoire einer »marlenisierten« Piaf das Chanson »Sur le pavé glacé«). Jede Aufnahme des Films *Les Demoiselles de Rochefort* erweckt den Eindruck, daß man so durchs Leben tanzen sollte. Man sollte die Leute glücklich machen, ihnen sagen, daß im Paradies des G-Schlüssels alles möglich ist und es keinen Sinn hat, aggressiv zu sein. Das ist Demys Hauptanliegen.«

Nach der sanften blonden Delphine stellte Catherine Deneuve eine Figur dar, die endgültig ihre Karriere be-

Zwillingsschwestern im Film, Catherine und Françoise in ›Les Demoiselles de Rochefort‹ von Jacques Demy

stimmte. Dem großen spanischen Regisseur Luis Buñuel wurde die Leinwandadaptation eines verkannten Romans von Joseph Kessel, »Belle de Jour«, vorgeschlagen. Mit seinem Co-Drehbuchautor Jean-Claude Carrière veränderte er den Hintergrund völlig. Es bedurfte des Genies eines Buñuel und der eigenartigen Persönlichkeit Catherines, um einem Film wie *Belle de Jour* (Belle de Jour – Schöne des Tages, 1966) zum Erfolg zu verhelfen. Bis heute ist dieser Film das Modell des erotischen Films, mit einer surrealistischen Dimension, die nie wieder erreicht wurde. Dieser Film ist kein Voyeur-Film und wenn er schockierte, dann bestimmt weniger durch das Thema als durch die Gestaltungsweise.

Catherine Deneuve spielt eine gespaltene Persönlichkeit, bei der Traum und Wirklichkeit ineinander übergehen. Keine andere als sie hätte sich so wahrheitsgetreu in die seltsame und geheimnisvolle Figur der Séverine versetzen können. Diese junge Frau ist mit einem attraktiven Arzt verheiratet, den sie liebt. Doch sie fühlt sich getrieben, ihre erotischen Phantasien auszuleben, indem sie sich in einem Freudenhaus zwischen 14 und 17 Uhr als Prostituierte anbietet und zwar unter dem Decknamen »Belle de Jour«. Buñuel übernimmt von dem ziemlich unbedeutenden Roman Kessels nur die Grundidee und erzählt eine Geschichte, die den Titel »Séverine im Land der Phantasie« tragen könnte. Betrachtete man *Belle de Jour* nur als Sittenstudie, die mit pikanten Szenen gespickt ist, um das Publikum anzulocken, würde man Buñuels schöpferischem Genie nicht gerecht. Er macht aus Catherine Deneuve, die eine Mischung aus Dornröschen und einer surrealistischen Figur Cocteaus darstellt, eine Persönlichkeit, die geheimnisvoll pervers und undurchdringlich ist und sich mit Feingefühl in verbotenen Träumen verliert. Die Trennung von Seele und Körper begeistert den Zuschauer.

Obwohl *Belle de Jour* von den meisten französischen

Zwei Aufnahmen aus ›Belle de Jour‹ (Schöne des Tages, 1966) von Luis Buñuel

Kritikern verrissen wurde, erhielt der Film 1967 den Goldenen Löwen (Venedig). Damit wurde das Genie des damals 66-jährigen Buñuels gewürdigt.

In Catherine Deneuves junger Karriere bedeutete *Belle de Jour* ihren größten Erfolg. Die Figur der Séverine sollte mehrere Jahre hindurch ihr blondes, eisiges Image prägen: »Ich bin mir bewußt, daß das Publikum in mir die kühle Blonde aus *Belle de Jour* sieht. Und ich glaube, daß mich das Publikum trotz der unterschiedlichen Filme, die ich gedreht habe, am meisten mit *Belle de Jour* identifiziert.«

In diesen turbulenten Jahren des »Swinging London« oder der »Nouvelle Vague« verkörpern zwei zwillingsähnliche Schwestern die modernisierte Version des kleinen Mustermädchens. Catherine Deneuve und Françoise Dorléac besitzen die Liebenswürdigkeit und die Boshaftigkeit der Heldinnen der Comtesse de Ségur ...

Obwohl Sie Komplizinnen sind, könnten ihre berufliche Rivalität und ihr ausgeprägter Ehrgeiz, die Beste zu sein, zu Zwietracht führen, und der Neid seine heimtückische Zerstörungskraft ausüben.

Doch geheimnisvolle unzerreißbare Bande verbinden diese beiden jungen Schauspielerinnen, von denen die eine blond und ruhig, die andere brünett und exzentrisch ist.

Ihre geschwisterliche Zärtlichkeit zeigt sich in jedem Blick, wenn sie gemeinsam vor der Kamera stehen. Ihr Geplapper fließt so schnell dahin, daß der abgestumpfte Journalist vergißt, sich Notizen zu machen. Im übrigen hat es keinen Zweck, Françoise Dorléac zu interviewen, wenn man etwas über sie erfahren möchte: Sie spricht nur über Catherine und diese erzählt alles über Françoise. Die beiden Schwestern, die ein Altersunterschied von achtzehn Monaten trennt, sind unzertrennlich. Obwohl sie völlig verschieden sind, ergänzen sie sich letzten Endes ideal. Oft benehmen sich die brave Camille und Madeleine aus reinem Amüsement wie die garstige Anastasie und Javot-

Mit Geneviève Page, Françoise Fabian und Maria Latour in ›Belle de Jour‹

Mit Michel Piccoli in ›Belle de Jour‹

Zwei Porträts der Séverine oder der ›Belle de Jour‹

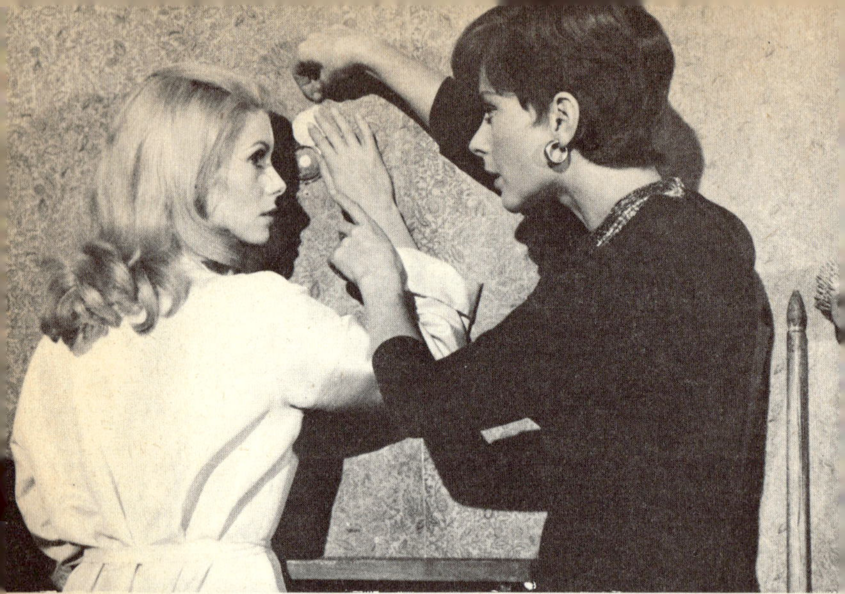

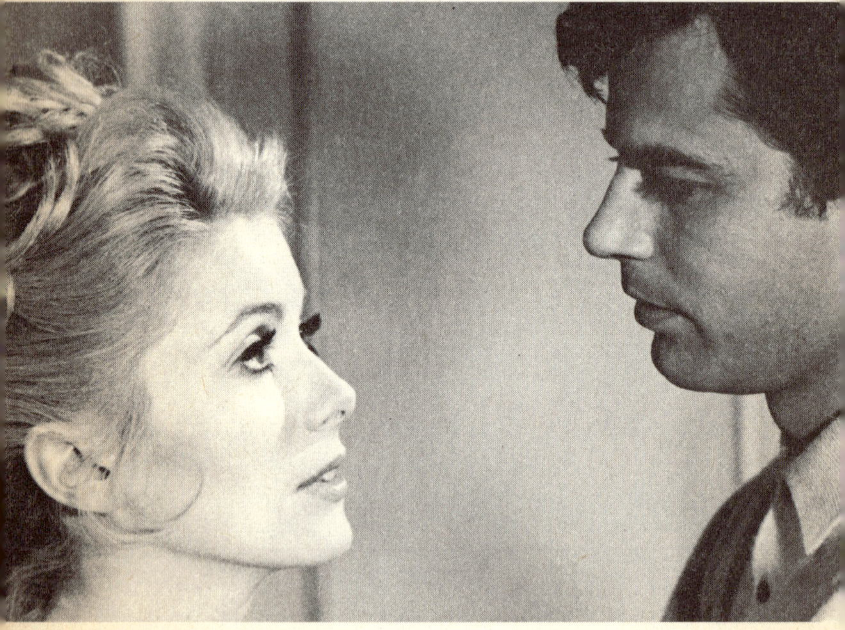

Catherine Deneuve und Françoise Dorléac …
Links oben: Mit Geneviève Page in ›Belle de Jour‹
Links unten: Mit Jean Sorel in ›Belle de Jour‹

... Schwestern, Freundinnen und Komplizinnen

te, die beiden gräßlichen Schwestern aus dem Aschenputtel, um die Zuschauer zu verwirren, die sich angesichts ihres heftigen Gezänks fragen, wie zwei Schwestern so verfeindet sein können! Und wenn die beiden nach ihren giftigen Worten in Lachen ausbrechen, schütteln die Leute den Kopf, weil sie das nicht verstehen können. Es gibt dabei nichts zu verstehen ...

Catherine und Françoise sind aus dem gleichen Holz geschnitzt und sind bis heute die erstaunlichsten und bewundernswertesten Schwestern des französischen Films.

Das Geheimnis ihres totalen Einverständnisses spricht uns an und wir würden gerne einen kurzen Augenblick an ihren vertraulichen Gesprächen teilnehmen, doch diese Momente gehören ihnen allein. Ein grausames Schicksal verwandelt Lachen in Weinen, die Freude in Kummer. Es bleibt nur noch die Erinnerung ...

An einem Juniabend des Jahres 1967 ging die Brünette ohne Vorwarnung von dieser Welt. Eine glatte Straße wurde ihr zum Verhängnis. Ohne es zu wollen, ließ sie ihre blonde Schwester zurück, von der sie aber einen großen Teil mit sich nahm, denn Catherine blieben von nun an nur noch die Erinnerungen an die gemeinsamen Jahre.

Mit vierundzwanzig Jahren mußte Catherine die größte Prüfung, die das Leben bereithält, bestehen: den Verlust eines geliebten Menschen, eines zweiten »Ich«'', einen Verlust, den man nie verwindet, denn weder das Vergessen noch die Zeit können eine tiefe Wunde heilen.

Sieben Jahre später spricht sie darüber, daß sie einfach nicht fähig ist, den Tod ihrer Schwester zu akzeptieren. Sie sagt: »Ich kann mich mit ihrem Tod nicht abfinden, werde es nie können. Wir standen uns sehr nahe, waren sehr miteinander verbunden. Ihr Verschwinden, für das es kein Wort gibt, hat mich völlig verändert. Ach, ist das grausam, ist das hart ...«

Doch die Show muß weitergehen ...

In dem Film *Benjamin ou les Mémoires d'un puceau*

Catherine Deneuve in ›Benjamin‹ (Benjamin – aus dem Tagebuch einer männlichen Jungfrau) von Michel Deville

(Benjamin – Aus dem Tagebuch einer männlichen Jung-frau, 1967) von Michel Deville erscheint uns Catherine im jungfräulichen Weiß ihres Kleides sehr blaß und durch-sichtig. Dieser Film erhielt 1968 den Prix Louis-Delluc.

Diese elegante Komödie, die an die großen Erzählun-gen des 18. Jahrhunderts anknüpft, zeichnet sich durch glänzende Dialoge und vortreffliche Aufnahmen aus und ist mit ausgezeichneten Schauspielern, wie Michèle Morgan, Odile Versois, Catherine Rouvel, Michel Piccoli und Pierre Clémenti besetzt. Dieser galante Film bedeutet einen Genuß für Auge und Geist.

Catherine Deneuve in der Rolle der koketten Aristo-kratin Anne de Boissy wird hin- und hergerissen zwischen der verliebten Bewunderung für den attraktiven vierzig-jährigen Grafen (Michel Piccoli) und dem jugendlichen Charme Benjamins (Pierre Clémenti). Sie verleiht der leichtlebigen Protagonistin einen Hauch von Melancholie.

Bei den Dreharbeiten zu diesem Film wurde Catherine Deneuve durch den plötzlichen, unerwarteten Tod ihrer Schwester Françoise Dorléac zutiefst erschüttert und es kostete sie eine unmenschliche Anstrengung, durchzuhalten. Doch ohne ihre Mitwirkung hätte dieser Film nicht realisiert werden können. Es wäre unmöglich gewesen, für Catherine Ersatz zu finden. Sie wuchs über sich selbst hinaus und spielte ihre Rolle vielleicht auch für ihre Schwester, für die das Filmen wichtiger als alles andere war, zu Ende.

Ihre Rolle in *Benjamin* ist ihre letzte Jungmädchenrolle. In der Folge stellt sie reifere und komplexere Figuren dar.

Der Film bedeutet eine Art Lebewohl an die Sorglosigkeit. Der Ernst, der von nun an Catherines Gesicht prägt, wird zum Symbol der Melancholie des französischen Films und prägt ihre zukünftigen Rollen.

1967 bedeutet für sie privat ein Unglücksjahr, aber auch gleichzeitig ihren Aufstieg ins Reich der Stars.

KAPITEL II

Der kristallisierte Traum
oder
Die schönste Frau der Welt

Nachdem sich Catherine von David Bailey getrennt hatte, kehrte sie nach Frankreich zurück und nahm nach einigen Monaten ihre Arbeit in den Studios wieder auf.

Zu Beginn des Jahres 1968 spielt sie eine moderne Manon, die von Jean Aurel und Cécil Saint-Laurent frei nach Abbé Prévost adaptiert wurde. *Manon 70* (Hemmungslose Manon) zählt in Catherines Karriere bestimmt nicht zu den Glanzstücken und kann vergessen werden. Im übrigen ist dieser Film heute verschollen. Catherine selbst gab zu, daß sie mit *Manon* keinen guten Griff getan hatte, stand aber trotzdem zu ihrer Entscheidung. Gegenüber Guy Braucourt äußerte sie: »Ich finde, ich habe recht getan, mit Aurel einen Film zu machen, denn *De l'Amour* war ein hervorragender Film. Es war auch richtig, die Manon zu spielen, denn das Thema war ausgezeichnet, doch das Ergebnis ist ein etwas mißlungener Film. Aber ich weigere mich, einen Film, bei dem ich mitgewirkt habe, in Frage zu stellen und muß für die Fehler, die ich gemacht habe, einstehen, das gilt besonders für *Manon 70*.«

Es war ein Reinfall, der aber schnell wieder durch ihren nächsten Film in Vergessenheit geriet. Im Frühjahr 1968 drehte Alain Cavalier *Chamade* (Herzklopfen) mit ihr. Als Vorlage diente ihm Françoise Sagans Roman.

Catherine Deneuve begab sich in Begleitung ihres Sohnes Christian an die Côte d'Azur und freute sich auf den fünften Film mit Michel Piccoli. Die Rolle der jungen frivolen Lucile bot Catherine die Möglichkeit, eine nuancier-

Catherine Deneuve in ›Mayerling‹ (Mayerling, 1968) von Terence Young

te, sensible Figur darzustellen, ihr Feingefühl, ihr Talent und ihre Schönheit unter Beweis zu stellen. *La Chamade* wurde ein wohlverdienter Erfolg, da die Sagansche Atmosphäre hervorragend vermittelt wurde.

Dann kam *Mayerling* (Mayerling, 1968), eine internationale Superproduktion, ein künstliches, eisiges Fresko, in dem neben Catherine Deneuve internationale Schauspieler wie Omar Sharif, Ava Gardner und James Mason mitspielten. Terence Young schuf diesen Film ohne Genialität; es war bereits die dritte Filmversion des Dramas von Mayerling, gleichzeitig auch die schlechteste. Omar Sharif lag die Rolle des Prinzen Rudolph, doch Catherine Deneuve verkörperte eine seelenlose Maria Vetsera.

Catherine Deneuve in ›Mayerling‹ (Mayerling, 1968) von Terence Young

Der Film war prächtig ausgestattet, doch lediglich Ava Gardner verlieh der Kaiserin Sissi die Größe und Majestät, die man von einer solchen Frau erwartete. Der Film ist weit entfernt von der hübschen Mayerling-Version, in der Danielle Darrieux und Charles Boyer mitwirkten, oder den Sissi-Filmen, die den Ruhm Romy Schneiders begründeten. Terence Youngs *Mayerling* strömt Kälte aus und was Catherine Deneuve anbetrifft, so führt kein Weg an der Feststellung vorbei, daß dies ihre schlechteste Schauspielerleistung ist. Die Dreharbeiten zu diesem Film machten ihr keinen Spaß und Catherine selbst meinte, der Film sei mißlungen. Über ihren Partner Omar Sharif sagte sie: »Er ist mehr eingebildet als diszipliniert.« Ihre Un-

Catherine Deneuve in ›Mayerling‹ (Mayerling, 1968) von Terence Young

einigkeit erweckt den ganzen Film hindurch Unbehagen; der Zuschauer bleibt von der Handlung unberührt.

Mayerling stellte also eine verpaßte Chance dar, zwei Stunden der Enttäuschung, dabei hätte man aus dem Thema und der üppigen Ausstattung einen sehr schönen Film machen können.

Die Amerikaner wurden bald auf die hübsche Blonde mit den tadellosen Manieren aufmerksam, weil sie trotz ihrer braunen Augen irgendwie an Grace Kelly erinnerte. 1968 liest man auf der Titelseite von »Newsweek«: »She is the most beautiful woman of the world« (Sie ist die schönste Frau der Welt). Ihr Bild erscheint in allen möglichen amerikanischen Magazinen; sie wird zum bevorzugten Co-

Catherine Deneuve und Omar Sharif in ›Mayerling‹

vergirl Amerikas. Das Fernsehen bietet ihr für die Reklame für ein berühmtes französisches Parfüm viel Geld an,
und die Fernsehzuschauer können jeden Abend einige Se-
kunden lang die »beautiful french actress« auf der Matt-
scheibe bewundern.

Heute gesteht Catherine Deneuve, daß sie ihre Popularität in den USA mehr ihren Werbespots als ihren Filmen
verdanke. Ihre ersten Filmerfahrungen in Hollywood
machte sie im Jahre 1969, als sie von Stuart Rosenberg engagiert wird. Ihr Partner ist Jack Lemmon. *April Foots,*
der in Frankreich den Titel *Folies d'Avril* (Ein Frosch in
Manhattan) hat, ist in mehr als einer Hinsicht ein interessanter Film, obwohl er sowohl in den USA als auch in

Mit Yves Saint-Laurent

Frankreich ein kommerzieller Flop wurde. Er bot Catherine die Möglichkeit, mit einem großen Schauspieler zu arbeiten und die amerikanischen Methoden bei Dreharbeiten kennenzulernen. Die meisten französischen Schauspieler sehen in Dreharbeiten in Hollywood den Höhepunkt ihrer Filmkarriere, nicht so Catherine: »Ich hatte noch nie den Wunsch, in Amerika Karriere zu machen. Mein Ehrgeiz ist begrenzt und ich verspürte nie den Wunsch, dort zu bleiben. Zweimal ging ich nach Hollywood, um einen Film zu machen. Sobald die Dreharbeiten beendet waren, fuhr ich wieder heim. Ich hatte nicht einmal Lust, auf Besichtigungstour zu gehen. Wenn ich ins Ausland fahre, freue ich mich immer wieder auf die Heimkehr. Ich bin im Grunde nicht sehr gesellig.« Dennoch ist sie in den USA die bekannteste französische Schauspielerin. Ein amerikanischer Journalist erklärte:»Mit den französischen Schauspielern ist es wie mit den französischen Weinen, sie vertragen das Reisen nicht – ausgenommen die Deneuve.«

Es läßt Catherine kalt, wenn man sie als Star bezeichnet. »Es gibt keine Stars mehr. Dieser Begriff gehört einer vergangenen Epoche an, als die Schauspielerinnen sich noch im weißen Nerz zeigten. Im übrigen ist das eine amerikanische Vokabel. Ich weiß, daß man diesen Begriff oft in Zusammenhang mit mir anwandte, doch das hat mich noch nie berührt. Wenn man in Amerika auf dem Gipfel steht, ist man ein Star, doch, wenn man plötzlich nicht mehr das ist, was man war, ist man gescheitert, ein Nichts. Das ist sehr hart, denn damit hört man auf zu existieren. Ich glaube, in Europa ist es leichter, in diesem Metier zu überleben, denn hier ist der Starrummel weniger ausgeprägt.«

François Truffaut wartete zwei Jahre, um Catherine zu seiner Sirene zu machen. Produktionsprobleme hatten das Projekt erheblich verzögert. Nach einem Roman von William Irish (nach dem Truffaut auch *La Mariée était en Noir* (Die Braut trug schwarz, 1967) adaptierte), entstand *La*

Catherine Deneuve in ›April Fools‹ (Ein Frosch in Manhattan, 1969) von Stuart Rosenberg

Sirène du Mississippi (Das Geheimnis der falschen Braut, 1969). Der Film ist ein Loblied auf die verrückte Liebe, die dem Verstand und der Moral trotzt, und bei der Leidenschaft über Haß, Angst und Tod siegt. Man spürt deutlich, wie groß Truffauts Bewunderung für Hitchcock ist: Manche Szenen erinnern an *Psycho* (1960).

Im übrigen war Catherine Deneuve eine ideale Hitchcock-Heldin. Als »femme fatale«, als giftige Sirene, treibt sie Jean-Paul Belmondo zu den unsinnigsten Verrücktheiten und Verbrechen. Die allmähliche Aufdeckung der falschen Identität von Julie Roussel stellt einen der besten Teile des Films dar. Bemerkenswert ist auch die denkwürdige Szene am Kaminfeuer, als sich Belmondo, angeregt durch die Schönheit von Catherine in einen Maler und Bildhauer verwandeln will, um die vollendeten Züge der jungen Frau besser beschreiben zu können. Schon allein dieser Sequenz wegen lohnt es sich, den Film zu sehen, auch wenn sich das Publikum von dieser Sirene nicht verführen ließ. Bestimmt war es enttäuscht, weil sich Belmondo, der Draufgänger, der Unbesiegbare, von einer Frau unterkriegen ließ, ihrer Schönheit erlag. Der Film wurde auf der Insel Réunion gedreht und zeigt wunderschöne Aufnahmen. Der Mißerfolg ist völlig ungerechtfertigt. François Truffaut hat Unrecht, wenn er erklärt, daß er Catherine durch diese Rolle keinen Gefallen erwiesen habe. Es ist richtig, daß Jean-Paul Belmondo in der Rolle des schwachen Louis Mahé fehlbesetzt war, doch Catherine liegt die Rolle der aufregenden Julie-Marion, mit der sie endgültig die Jungmädchenrollen abstreift.

François Truffaut, der Catherine gut kennt, sagt sehr treffend über sie: »Bei Catherine ist vieles Traum. Man hat immer den Eindruck, daß auf der Leinwand nicht alles gezeigt wurde. Da gibt es die Figur, die sie darstellt und Gedanken, die nicht ausgedrückt sind. Ja, Catherine ist eine Schauspielerin der Träumerei, dafür gibt es keinen anderen Ausdruck, denn diesen Eindruck einer Doppelpersön-

Szenen aus ›La Sirene du Mississipi‹/La mia droga si chiama Juli (Das Geheimnis der falschen Braut, 1969) von François Truffaut, mit Jean-Paul Belmondo

lichkeit haben wir bei keiner anderen Schauspielerin. Catherine führt auf der Leinwand ein Doppelleben vor: das offensichtliche und das geheime Leben. *Belle de Jour* war bestimmt einer der wichtigsten Filme für sie, denn er entspricht voll und ganz ihrer geheimnisvollen Persönlichkeit und den Träumen des Publikums.«

Buñuel, der es so meisterhaft verstand, in *Belle de Jour* ihre zwiespältige Persönlichkeit zur Geltung zu bringen, wählte Catherine auch als Protagonistin seines Films *Tristana* (Tristana, 1970). Die Dreharbeiten begannen im Oktober 1969 in Toledo in Spanien. Buñuel, der seinen Film unbedingt in Spanien drehen wollte, mußte sich ungefähr zehn Jahre gedulden, da ihm die Regierung verbot, die Novelle von Benito Perez Galdos zu verfilmen. 1969 erhielt er schließlich die Genehmigung, und die Dreharbeiten konnten in Angriff genommen werden. Der geniale Fernando Rey, ein Lieblingsschauspieler Buñuels, Franco Nero und Catherine Deneuve sind die Darsteller in dieser Liebes- und Rachegeschichte. Dieser Film, der eine heftige Kritik am spanischen Bürgertum und natürlich an der katholischen Kirche darstellt, ist ganz in den Farben Ocker, Kastanienbraun und Schwarz gehalten und stellt erneut Buñuels schöpferisches Genie unter Beweis. In anscheinend harmlosen, ruhigen Situationen herrscht der schwarze Humor und die Satire vor. Die Rolle der Tristana ist beeindruckend, da sie sich ständig weiterentwickelt. Tristana wird als junges Mädchen, nach dem Tod der Eltern, der energischen Obhut eines Vormundes übergeben, der trotz seiner strengen Erziehungsprinzipien das Mädchen zu seiner Geliebten macht, und ihr moralische Grundsätze einhämmert, die natürlich für ihn nicht gelten. Aus der jungen unterwürfigen Waise wird eine furchtbare Frau. Nachdem man ihr ein Bein amputiert hat, lebt sie nur noch für ihre Rache, vergräbt sich in ihre Neurose. Sie ist eine mürrische und harte Frau. In diesem Film ist Catherine braunhaarig. Es ist ein Erlebnis, zu beobachten, wie sie sich in einer zweistündigen Spielzeit verwandelt, wie aus dem frischen jungen Mädchen mit dem braven Zopf eine stark geschminkte Frau wird, die mit wutverzerrtem Gesicht mit ihren Krücken durch einen Korridor eilt. Als sie an den Rollstuhl gefesselt ist, besteht ihr einziges Vergnügen darin, einen taubstummen Jungen, der sie anhimmelt, aufzureizen. Sie erscheint am Fenster und als sie ihn sieht, öffnet sie ihren Morgenmantel, damit er ihre Reize bewundern kann. Buñuel gleitet nie ins Ordinäre ab, denn die Scham ist oberstes Gesetz seiner Filme; er deutet nur an und überläßt uns unserer Phantasie.

Catherine Deneuve ist eine große Bewunderin Buñuels und ihre Zusammenarbeit gestaltete sich erfreulich, auch wenn er voller Boshaftigkeit erklärte, daß er sie wie alle Stars verabscheue und sie »in *Tristana,* um sie zu ärgern, noch viel häßlicher machte als das Drehbuch vorgesehen hatte«. Doch er schätzte ihre beispielhafte Disziplin während der Dreharbeiten und sagte, sie sei »eine gute Schauspielerin«, was bei ihm ein großes Kompliment bedeutet.

Catherine berichtet in ihrem Artikel »En travaillant avec Buñuel« über die Dreharbeiten zu *Tristana:* »Buñuel verlangte von mir für die Rolle der Tristana eine strenge kastanienfarbene Frisur. In bezug auf die Kleidung ließ er mir freie Hand, sie mußte nur schlicht sein. Ich sollte ohne Make-up spielen, erst am Ende der Geschichte erforderten gewisse dramatische Effekte eine deutliche Veränderung des Äußeren der Protagonistin. Buñuel holte mich in Madrid vom Flughafen ab und führte mich in ein Atelier, wo ich »mein« Holzbein probieren mußte, ein hervorragendes, auf Maß gearbeitetes Holzbein, das Tristana über einen gewissen Zeitraum tragen muß … Die Dreharbeiten zu *Tristana* vollzogen sich in recht euphorischer Stimmung, trotz des dramatischen Drehbuchs, denn selbst wenn Buñuel eine ernste Geschichte dreht, verliert er nie seinen schwarzen Humor.

… Buñuel ist sehr ungeduldig, möchte so schnell wie

Die vier Gesichter von ›Tristana‹ (Tristana, 1969). Regie von Luis Buñuel

... Eine Figur, der sie sich verwandt fühlt

möglich die Szenen in der Kamera haben. Er leidet regelrecht, wenn er mehrere Male den gleichen Text hören, die gleichen Gesten sehen muß. Aus diesem Grunde verlangt er sehr wenige Wiederholungen, bemüht sich, jede Szene nur einmal zu drehen, um zur nächsten übergehen zu können …

Man nennt Buñuel oft einen Traumcineasten, der instinktiv Träume und Zwangsvorstellungen verfilmt, doch darüber vergißt man, daß er in erster Linie ein hervorragender Geschichtenerzähler ist, ein diabolischer Drehbuchautor, der unaufhörlich das Drehbuch verbessert, um die Anekdote noch intriganter, noch packender zu gestalten …«

Der Film wurde außer Konkurrenz in Cannes gespielt und erntete bei den Kritikern und dem Publikum großen Beifall. Jeder sah darin eine vollendete Arbeit und vielleicht eine Synthese des Gesamtwerks des spanischen Regisseurs. Für Catherine Deneuve war es eine faszinierende Rolle: »Der erste Teil des Films erschien mir viel schwieriger zu spielen als der zweite, denn er war viel komplexer. Zudem ist es nicht einfach, die Naive zu spielen … Doch Buñuel ist letzten Endes ein sehr einfacher Mensch, dem es graut, seine Personen zu psychologisieren. Während der Dreharbeiten hämmerte er uns immer wieder ein: »Und vor allem: keine Psychologie!«

Nach den düsteren Farben von *Tristana* betrat Catherine Deneuve übergangslos éin blaurosa Königreich, in dem sie eine unwirkliche Märchengestalt verkörperte.

1970 führte uns Jacques Demy mit *Peau d'Ane* in die verzauberte Welt Charles Perraults, lud uns ein, unsere Kindheit wiederzufinden, die Zauberwelt der Feen und Karrossen zu erleben, in der es blaue und rote Pferde gibt und eine schreckliche Megäre bei jedem Wort Schlangen und Kröten ausspuckt.

In Zusammenarbeit mit Michel Legrand, der wieder die Musik besorgte, entstand ein doppeldeutiger Film: der

Catherine Deneuve in ›Peau d'Ane‹, 1970

eine Teil richtet sich mit seiner Zauberwelt an die Kinder, der andere mit dem gewagten Dialog, der insbesondere die Unmoral der Erzählung betont, an die Erwachsenen, denn es handelt sich um nichts anderes als Inzest, wenn der König seine Tochter, die Prinzessin, heiraten möchte. Demy weiß, daß Perraults Märchen nicht für das junge Publikum bestimmt waren, sondern für die Zuhörer in den Salons, zu denen die Kinder keinen Zutritt hatten.

Was begeistert, sind vor allem die Schauspieler, die ihre Rollen, die den üblichen Rahmen sprengen, mit Bravour bewältigen. Jean Marais spielt den düsteren König, der seine Tochter heiraten möchte und, um sie zu verführen, Cocteau rezitiert. Delphine Seyrig spielt die kokette Fee. Viele moderne Elemente (Telefon, Hubschrauber) bezeugen die Zeitlosigkeit dieser Märchen, die nach wie vor groß und klein fesseln, vielleicht mehr noch die Erwachsenen, die die Moral von der Geschichte besonders schätzen. Es überrascht auch nicht, daß in der schönen Szene, in der der charmante Prinz (Jacques Perrin, der liebenswürdige Maxence aus den *Demoiselles de Rochefort*) mit der Prinzessin von künftigen Freuden träumt, beide eine Zigarette in der Hand halten.

Da dieser Film eine intelligente und poetische Adaptation darstellt, hätte er Cocteau bestimmt gefallen, zumal einige Sequenzen an *La Belle et la Bête* (Es war einmal, 1946) erinnern. Der Film wurde zum großen Teil in den Loire-Schlössern gedreht, insbesondere in Chambord. Schauspieler und Techniker wurden in das Traumland der Phantasie entführt, und es ist eine wahre Augenweide, wenn man beobachtet, wie die Fee Lilas ihren Töchtern, natürlich singend, zu erklären versucht, daß die Väter nicht ihre Töchter heiraten können. Oder wenn eine Rose spricht und dem Prinzen den Weg der Liebe zeigt, während Catherine-Peau d'Ane in ihrem sonnenfarbenen Gewand (die Kostüme sind ein optischer Genuß) einen Kuchen bäckt und ihren Ring darin versteckt ...

Mit Jean Marais in ›Peau d'Ane‹ von Jacques Demy

In Frankreich erlebte *Peau d'Ane* keinen großen Erfolg, da er natürlich nicht mit Walt Disney konkurrieren konnte, doch die Ostblockländer schätzten die Poesie und die zarte Schönheit Catherines. Sie hat diesen Film in bester Erinnerung und ihr Sohn Christian, der damals sieben war, sah seine Mutter zum ersten Mal auf der Leinwand.

»Der Tod eines Kindes ist das Schlimmste, was einem zustoßen kann. Genau das hindert mich daran, an Gott zu glauben. Man kann es nicht begreifen und es gibt keine Erklärung dafür. Das ist das Ungerechteste, was es gibt und für mich gibt es nichts Grausameres als das.« Das waren Catherines Worte, als Nadine Trintignants Film *Ça n'arrive qu'aux autres* (Das passiert immer nur den anderen,

1971) uraufgeführt wurde. Die Geschichte hatte autobiographischen Charakter, denn Nadine verlor ihre kleine Tochter mit neun Monaten. Dieser Film zeigt, in welchen Abgrund ein junges Paar gestürzt wird, als es plötzlich sein Baby verliert. Von nun an bestimmen die Verzweiflung und die Weigerung, das Unfaßbare zu akzeptieren, das Leben der beiden. Die kleine Welt, in der man lebt, wird in den Grundfesten erschüttert, wenn einem das zustößt, was doch immer nur den anderen passiert. Man erinnert sich der glücklichen Tage, als alles normal war; sie haben jetzt einen außerordentlichen Wert, da man weiß, daß sie nie wiederkehren werden und nur die Erinnerung bleibt. Catherine (Deneuve) und Marcello (Mastroianni) sind glücklich verheiratet, sie leben im Wohlstand und haben eine reizende kleine Tochter, Camille, die seit neun Monaten ihr Sonnenschein ist. Eines Tages berichtet das Kindermädchen heulend, daß das Baby leblos in seiner Wiege liege. Es wird alles zu seiner Wiederbelebung versucht, vergeblich. Camille ist tot, das lächelnde Baby hat plötzlich diese Welt verlassen. Es läßt die Eltern verzweifelt zurück, mit schwerem Herzen und leerem Kopf. Nadine war es ein Bedürfnis, ihr eigenes Drama zu verfilmen. Natürlich schockierte sie. Man warf ihr eine gewisse Anstößigkeit vor. Ihr Bruder Serge Marquand spielte seine eigene Rolle. Catherine, eine langjährige Freundin, verkörpert Nadine. Sie ist mehr als ihre Interpretin, sie ist ihre Doppelgängerin. Die Babyposters, die Catherine aufhängt, zeigen Nadines Baby Pauline. Aber warum kann so ein Thema schockieren? Für Nadine war dieser Film lebensnotwendig, eine Art Exorzismus. Warum auch nicht? Ihr Film ist unerbittlich und ehrlich, keineswegs melodramatisch. Es ist ein Film der Liebe und der Hoffnung. Nadine Trintignant sagte: »Ich wollte diesen Film, und er ist so, wie ich ihn mir vorstellte.« Für Catherine Deneuve waren die Dreharbeiten anstrengend: »Es ist ein Film der Liebe, aber auch voller Brutalität. Am Ende der Dreharbeiten war ich völlig erschöpft. Nadine sagte immer lächelnd zu mir: »Du bist nicht totzukriegen.« Physisch klappe ich nicht so schnell zusammen. Doch moralisch war es schwierig, denn Nadine erlebte erneut den Tod ihres Kindes. Ich war sehr betrübt über die Vorwürfe, die man ihr machte, denn ich finde es für einen Regisseur nicht anstößig, etwas zu verfilmen, was er selbst erlebt hat. *Ça n'arrive qu'aux autres* ist ein Film, an dem ich sehr hänge, denn es ist ein Film, der Hoffnung macht und zeigt, daß man durch die Liebe wieder Freude am Leben finden kann.

Die Darstellung ist bemerkenswert. Catherine entreißt uns durch ihre Schreie und ihre Tränen unserer Gleichgültigkeit, während Marcello Mastroianni einen hervorragen-

›Ca n'arrive qu'aux autres‹/Tempo d'amore (Das passiert immer nur den anderen, 1971) von Nadine Trintignant, mit Marcello Mastroianni

› Liza‹ von Marco Ferreri, 1971, mit Marcello Mastroianni

Rechts: Als Kranken-schwester in ›Un Flic‹ (Der Chef, 1972) von Jean-Pierre Melville – ihre unbedeutendste Nebenrolle

den Ehemann und Vater abgibt, der, in tiefster Seele getroffen, versucht, das tragische Ereignis mit mehr Distanz zu verarbeiten.

Es ist der erste Film des Paares Deneuve-Mastroianni. Es folgen noch drei weitere.

Im Bestreben von ausgetretenen Pfaden abzuweichen, sich nicht auf eine bestimmte Figur festlegen zu lassen, verkörperte Catherine für den italienischen Regisseur Marco Ferreri eine Rolle, die man am wenigsten von ihr erwartet hätte und die am meisten provozierte. Es bedurfte einer gewissen Kühnheit, wenn man Catherine Deneuve heißt und zu den ernsthaften Schauspielerinnen des französischen und internationalen Films zählt, sich in eine Hundfrau zu verwandeln, die aus Eifersucht auf einer verlassenen Insel den Hund eines modernen Robinson tötet, um die Stelle des Haustieres einzunehmen.

1972 wurde *Liza*/Melampo (Allein mit Giorgio) auf der Insel Cavallo gedreht. Es ist ein Film voller Symbole und Zwangsvorstellungen, der beim Zuschauer ein gewisses Unbehagen hervorruft. Auch wenn das Paar Deneuve-Mastroianni hervorragend spielt, fällt es schwer, unberührt zu bleiben, wenn Catherine Marcellos Hand leckt oder aus einem Napf ißt und ein Halsband trägt. Doch Ferreri möchte ja, daß die Leute berührt werden. Man verabscheut oder bewundert ihn, doch die Gleichgültigkeit hat keinen Platz in seinem Werk. Es bleibt dem Zuschauer überlassen, ob er Catherine lieber in *Belle de Jour* sieht, wo sie sich ihren Phantasien hingibt oder ob er lieber in *Liza* eine masochistische Catherine erleben möchte.

Auch wenn das Publikum *Liza* nur mit Vorbehalt akzeptiert, bleibt er ein interessanter Film, denn das Thema regt uns zum Nachdenken über die absolute Einsamkeit an, die es nicht gibt, und schließlich über das Verhalten zweier Menschen, die aus ihrer gewohnten Umgebung herausgerissen sind und deshalb eine ganz besondere Beziehung haben.

Catherine erinnert sich gern an *Liza* und Marco Ferreri, mit dem sie zwei Jahre später *Touche pas à la Femme blanche* (1973) dreht, zurück.

Das Jahr 1972 war in beruflicher Hinsicht Catherines ruhigstes Jahr. Sie drehte nur fünf Tage mit Jean-Pierre Melville, der seinen letzten Film machte: *Un Flic* (Der Chef). Kurze Zeit danach starb er. Catherine spielte neben Alain Delon eine kleine Rolle, was sie aber keineswegs störte, denn sie wollte in diesem Jahr Ruhe, da sie im Frühling einem freudigen Ereignis entgegensah.

Aber man verzichtet nicht auf eine Erfahrung mit Melville, auch wenn sie noch so kurz ist. *Un Flic* wurde zu einem mäßigen Erfolg, das Publikum war über die Überlänge des Films verärgert. Sein Talent, das er in *Le cercle rouge* (Vier im roten Kreis, 1970) gezeigt hatte, war hier nicht erkennbar. Das Paar Delon-Deneuve, das zum ersten Mal gemeinsam spielte, konnte die Massen nicht begeistern.

Am 28. Mai 1972 gebar Catherine eine Tochter: Chiara-Charlotte Mastroianni. Neun Jahre nach Christian wurde sie wieder Mutter und beschloß, sich mehrere Monate ihren Kindern zu widmen. »Gott sei Dank ist der Film nicht mein einziger Lebensinhalt. Seit mehreren Monaten habe ich nicht mehr gearbeitet und bin darüber nicht unglücklich. Ich habe einige Projekte abgelehnt und kümmerte mich um mein Baby. Dennoch könnte ich mich nicht damit begnügen, zu Hause zu sitzen und mich um die Kinder zu kümmern. Ich brauche die Arbeit und habe nicht die Absicht, das Filmen aufzugeben. Doch ich finde, der Schauspielberuf steht nicht im Gegensatz zur Mutterrolle. Man muß nur verstehen, beides miteinander zu verbinden. Und bis jetzt ist es mir gelungen, beide Dinge unter einen Hut zu bringen.« Catherine war damit einverstanden, Chiara fotografieren zu lassen, mußte sich aber gegen die aufdringlichen italienischen »paparazzi«, die sie auf Schritt und Tritt verfolgten, um Fotos zu erhaschen, wehren. Doch sie wachte eisern darüber, daß ihre Kinder vor indiskreten Blicken verschont blieben.

1973 drehte Catherine Deneuve ihren vierten Film mit Jacques Demy. Ihr Partner war wieder Marcello Mastroianni. Der Originaltitel lautete: *L'événement le plus important depuis que l'Homme a marché sur la Lune.* Der Film erzählt die Geschichte eines Mannes, der schwanger wird und sich folglich mit den größten Problemen konfrontiert sieht. Die Komik der Situationen hätte eine amüsante Musikkomödie abgegeben, wenn Demy das Ganze vertont hätte. Doch leider kam er dieses Mal nicht auf diese Idee und der Film wurde ein Mißerfolg.

Demy widmet sich hier einem Genre, das ihm nicht liegt. Er verstrickt sich in unkontrollierbare Situationen und erschöpft sich im Laufe der Geschichte. Michel Legrand macht zwar die Filmmusik, aber leider kommt in dem Film kein einziges Chanson vor. Das Paar Deneuve-Mastroianni bietet eine glänzende Darstellung – aber das reicht nicht. Immerhin kann der Film für sich beanspruchen, daß er nie ins Vulgäre abgleitet. Dennoch ist er mißlungen. Catherine muß erneut erkennen, daß sie einen Mißgriff getan hat. Sie bedauert dies um so mehr, da ihr das Thema gefiel und Demy gewissermaßen ihr Lieblingsregisseur ist. Für ihn bedeutete *L'événement le plus important depuis que l'Homme a marché sur la Lune* der Anfang eines langen Schweigens. Seine ganzen Projekte wurden mangels Vertrauen seitens der Produzenten zunichte gemacht, darunter ein Musical, das Catherine und Gérard Depardieu auf den Leib geschrieben war. Doch vielleicht wird uns Demy eines Tages erneut mit einem Film begeistern, mit den Pastellfarben seiner eigenen Welt, die voller Träumerei und sanfter Melancholie ist.

Catherine änderte ihren Stil völlig, als sie mit Marco Ferreri eine böse Satire über das Leben des berühmten General Custer (Marcello Mastroianni) machte. Als Kulisse wählte Ferreri die Pariser Halles. *Touche pas à la*

*›L'Evenement le plus important depuis que l'Homme a marche sur la Lune‹
von Jacques Demy, 1973*

Femme blanche (1973) ist eine Verspottung von Helden wie Custer, aber auch eines Buffalo Bill, der von Michel Piccoli großartig interpretiert wird.

Für diesen Film kam fast vollständig das Team aus *La Grande Bouffe* (Das große Fressen, 1973) zusammen, darunter auch Philippe Noiret und Ugo Tognazzi. Das Ganze ist eine groteske, provozierende Farce und führt uns in die eigentümliche Atmosphäre der Halles in der Rue Saint-Denis. Catherine erscheint ganz anders als sonst. Als junge Aristokratin Hélène de Boismonfray rückt sie an die Grenze zur Karikatur, was zweifellos das Publikum verwirrte.

Michel Piccoli erklärte, daß das Scheitern des Films wahrscheinlich darauf zurückzuführen sei, daß die Zuschauer es nicht liebten, wenn sich die Schauspieler zur Karikatur machen, denn sie haben eine gewisse Vorstellung von ihnen. Catherine berichtet amüsiert über die Dreharbeiten: »Als Ferreri diesen Film machte, stand er noch ganz unter dem Eindruck von *La Grande Bouffe*. Man drehte in einem Laden, in dem Fleischstücke lagen, die gerade aus dem Schlachthaus hierher transportiert worden waren. Der Gestank war fürchterlich. Alles vollzog sich in einer verrückten Atmosphäre. Zum Beispiel wurde in der großen Schlachtszene so wirklichkeitsnah gespielt, daß die Krankenwagen echte Verletzte zu transportieren hatten. An diesem Film begeisterte mich der dreiste, kecke Ton.«

Als Catherine Anfang dreißig war, pendelte sie mit ihren Kindern zwischen Rom und Paris hin und her. Auch wenn sie über die Mißerfolge von Demys und Ferreris Filmen etwas enttäuscht war, ließ sie sich nicht entmutigen. Da sie wenig Lust dazu verspürte, ein bestimmtes Image, das sie nie wirklich gewollt hatte, aufrecht zu erhalten, war sie mehr denn je entschlossen, ihre Karriere in die von ihr gewünschte Richtung zu lenken, ohne sich um die Publikumsreaktion zu kümmern. Sie möchte nicht um jeden Preis gefallen und ist zu keiner Konzession bereit: »Ich kenne das Publikum nicht. Ich liebe und respektiere seinen Geschmack, aber man kann nicht von mir verlangen, ich solle versuchen, ihm zu gefallen. Ich kümmere mich um die öffentliche Meinung, aber nur bedingt. Und wenn man von mir sagt, »sie ist hochmütig«, mache ich mir nichts daraus. Die Schauspieler müssen sich ja bereits genug bloßstellen, man darf nicht noch mehr verlangen. Wenn man einen Beruf ausübt, der mit dem Publikum zu tun hat, bedeutet das, daß man von Haus aus versucht, irgendwie zu gefallen.« Aus dem jungen Mädchen in *Parapluies de Cherbourg* ist eine aufsehenerregende Frau ge-

›Touche pas à la Femme Blanche‹ von Marco Ferreri

worden, die fast zehn Jahre des Erfolgs aufweisen kann und den Vorteil hat, autonom zu sein und ihre Filmrollen selbst zu wählen, ungewöhnliche Rollen und interessante Regisseure. Sie geht immer wieder neue Wege, damit nichts zur Routine wird: »Am Anfang ist alles einfach. Man geht auf den Schienen. Erst mit dem Erfolg wird alles komplizierter, denn man muß sich in Frage stellen können, sich selber eine Falle stellen, sich selbst überraschen, sonst wird man ein abgestempelter Schauspieler und damit basta. Ich liebe die Abwechslung und gedenke, meinen Beruf auf dieser Basis weiter auszuüben.«

Catherine trifft ihre Entscheidungen allein, ohne Impresario oder Manager. Humorvoll erklärt sie: »Meine Karriere liegt in sehr guten Händen: in meinen.«

Ihre jüngere Schwester Sylvie dient ihr als Sekretärin, so bleibt alles in der Familie.

1973 wird sie in einer Umfrage zum »Star der siebziger Jahre« gekürt. In diesen Jahren heißen ihre Regisseure Buñuel jr., Rappeneau, Lelouch, Risi, Bolognini, Szabo, Robert Aldrich und Yves Robert …

Sie hat genügend Phantasie, um eine moderne Hexe à la Veronika Lake, eine große italienische Bourgeoise, eine schöne Nervensäge und ein Luxus-Callgirl zu spielen. Sie produziert einen Film, nimmt das Risiko eines Mißerfolgs auf sich, um einem jungen Regisseur zu helfen oder trällert ein Liedchen für eine Kabarett-Nummer. Mit dem Filzhut auf dem Kopf und dem lässig über die Schultern geworfenen Regenmantel spielt sie einen weiblichen Humphrey Bogart oder eine zauberhafte Spinnerin, die sich ferngesteuerter Roboter als Verteidigungswaffe bedient.

In den siebziger Jahren dreht sie in Spanien, Italien, Tunesien, auf den Bahamas, in den USA und in Marokko. Wenn sie in der Sonne liegt oder von einem Gewitter heimgesucht wird oder sich im Schnee von Kanada verirrt, wird sie zwei Stunden lang vom Zuschauer auf ihren Reisen rund um die Welt begleitet.

KAPITEL III

Die andere Seite der Medaille

1970 begegneten sich Catherine Deneuve und Juan
Buñuel das erste Mal. Sie drehte *Tristana* und er assistierte
seinem Vater Luis bei den Dreharbeiten. Juan Buñuel war
entschlossen, sich seine eigenen Sporen zu verdienen und
machte 1972 seinen ersten Spielfilm *Au rendez-vous de la
Mort joyeuse* (Rendezvous zum fröhlichen Tod). Wohl
folgte er den Spuren seines berühmten Vaters, er entwik-
kelte aber seinen eigenen Stil und bezeugte eine verwir-
rende Originalität. Für seinen zweiten Film wollte er die
Schauspieler von *Tristana*, d. h. Catherine Deneuve und
den spanischen Schauspieler Fernando Rey engagieren.
La Femme aux Bottes rouges (Die Frau mit den roten Stiefeln, 1974) ist ein eigenartiges Werk voller Surrealismus
und Magie. Catherine verkörpert eine junge Schriftstelle-
rin, die aufgrund einer übernatürlichen Gabe Ereignisse
vorausahnen kann. In der Person Fernando Reys, eines
gefährlichen Mäzens, der Kunstwerke sammelt, um sie zu
zerstören, begegnet ihr das Böse und die Zerstörung. Ihr
Duell wird durch eine phantastische Schachpartie symbolisiert; sie spielen beide Katz und Maus: Sie versucht, das
Geheimnis, das diesen seltsamen Mann umgibt, zu durch-
dringen und er versucht, diese allzu intelligente Frau zu
besiegen.

Der Film wurde in Spanien gedreht und er hat Momente
funkelnder Inspiration, auch wenn er Längen aufweist. An
der Seite von Jacques Weber und Adalberto Maria Merli
bietet Catherine eine Glanzrolle als freie, unabhängige
Frau. Sie ist nicht mehr die kalte Heldin ihrer frühen Filme, wirkt jetzt zugänglicher, doch ihr Charme ist nach wie
vor geheimnisvoll, wenn sie in Umhang und Jeans ent-

Mit Juan Luis Buñuel bei den Dreharbeiten zu ›La Femme aux bottes Rouges‹ (Die Frau mit den roten Stiefeln, 1974)

schlossenen Schrittes durch die Straßen einer kleinen spanischen Stadt eilt.

La Femme aux Bottes Rouges wurde vom Publikum zurückhaltend aufgenommen, obwohl Catherine in diesem Film eine ihrer besten Rollen verkörperte. Die Kritiker lobten ihr souveränes Spiel, verrissen aber Juan Buñuel.

Nach Spanien drehte sie in Italien ein düsteres Melodram, dessen Handlungsgrundlage zu Beginn des Jahrhunderts in den italienischen Gerichtsannalen aufgeführt

›La Grande Bourgeoise‹/Fatti di gente perbene (Die Affäre Murri, 1974) von
Mauro Bolognini, mit Giancarlo Giannini

ist. Die Affäre Murri machte im Italien Victor-Emmanuels III. viel Wirbel. Die Handlung spielt 1902 in Bologna. Tullio Murri, Sohn eines berühmten Chirurgen, der wegen sozialistischer Ideen verdächtigt wird, tötet seinen Schwager, um seine Schwester Linda, die er liebt, aus einer unglücklichen Verbindung zu befreien. Die Verleumdungen und die Heuchelei, der die Figuren ausgesetzt sind, wird von Mauro Bolognini hervorragend gezeichnet. *La Grande Bourgeoise*/Fatti di gente perbene (Die Affäre Murri, 1974) ist einer der besten italienischen Filme jener Jahre. Der Film stellt in bezug auf die Ausstattung dem Prunk eines Visconti die schwarzen Seelen seiner Protagonisten gegenüber, er ist ein Wunder der Ästhetik. Catherine Deneuve, die in diesem Film wieder brünett ist, spielt die Linda Murri mit einer Doppeldeutigkeit, die die Figur geheimnisvoll macht, während Giancarlo Gianini den Tullio Murri kraftvoll darstellt. Fernando Rey in der Rolle des Vater Murri ist wahrscheinlich die einzige Filmfigur, die Sympathie erweckt. *La Grande Bourgeoise* stellt ein Gesellschaftsdrama und ein Epochengemälde dar und zeigt Bologninis großes Talent, das leider allzu oft von Visconti überschattet wird.

Mit Laszlo Szabos Film *Zig-Zig* (1974) machte Catherine ein Experiment, wobei sie keine glückliche Hand bewies. Nachdem sie ihre eigene Produktionsfirma »Les Films de la Citrouille« gegründet hatte, beschloß sie, *Zig-Zig* zu produzieren, eine leichte Komödie, in der sie zum ersten Mal eine Kabarett-Nummer singt, was freilich die einzige Attraktion des Films ausmacht. Catherine wurde von der Kritik in dieser Rolle einer Prostituierten völlig abgelehnt. Das Publikum verschmähte den minderwertigen, mißlungenen Film. Ihre Partnerin, Bernadette Laffont, nimmt man das sympathische Strichmädchen ab, doch Catherine wirkt völlig unüberzeugend. Man glaubt es ihr einfach nicht, wenn sie sich wie irgendeine beliebige Prostituierte der berüchtigten Viertel von Paris anbie-

›La Grande Bourgeoise‹ von Mauro Bolognini, 1974, mit Giancarlo
Giannini

tet ... Hier geht es nicht mehr um irgendein Markenzeichen, sondern um die schlichte Tatsache, daß sich Catherine Deneuve nicht für die Vulgarität eignet. Ihre Darstellung in *Belle de Jour* war deshalb überzeugend weil die Figur der Sévérine nicht wirklich realistisch war. In *Belle de Jour* dominierte die Phantasie und die Poetik, während die Prostituierte in *Zig-Zig* ein reales Bild darstellen soll. Die Tatsache, daß Catherine den Film produzierte, macht alles nur noch schlimmer. »Ich glaube, noch nie wurde ich so angegriffen wie in *Zig-Zig*. Als Prostituierte wurde ich völlig abgelehnt und ich glaube, ich habe dem Publikum zutiefst mißfallen. Man verzieh mir auch nicht, daß ich die Produzentin war. Ich finde, das war nicht der schlechteste Film, den ich gemacht habe. Er ist ungewöhnlich und sogar poetisch. Dieser kommerzielle Mißerfolg schreckt mich nicht ab, erneut Filme mit jungen Regisseuren zu machen, sofern mir das Thema gefällt.«

Ihre erste Erfahrung als Produzentin erwies sich also als völliger Reinfall. Aber war das so wichtig? War es nicht vielmehr wichtig, alles zu versuchen?

Catherine Deneuve suchte weiter neue Wege, so z. B. als sie die etwas spleenige Stiefschwester Jean-Louis Trintignants in dem Film *L'Agression* (Die Entfesselten, 1974) von Gérard Pirès spielte. Pirès ließ sich von einem amerikanischen Roman aus der Schwarzen Serie inspirieren, von dem er aber nur die Grundidee übernahm. Es ist ein außerordentlich brutaler Film, in dessen Mittelpunkt das Trio Deneuve, Trintignant und Brasseur stehen. Ein Durchschnittsfranzose, Paul (J. L. Trintignant), fährt mit seiner Frau und seiner zehnjährigen Tochter in Urlaub. Unterwegs wird er von einer Horde Motorradfahrern verfolgt, die seinen Wagen mit Öl begießen. Er kommt von der Fahrbahn ab. Paul wird von den Motorradfahrern bewußtlos geschlagen. Als er wieder zu sich kommt, sieht er, daß seine Frau und seine Tochter vergewaltigt und bestialisch ermordet wurden. Er wird nicht eher ruhen, bis er sie

›Zig-Zig‹ *von Laszlo Szabo, mit Bernadette Laffont. Der einzige Film, den sie produziert hat*

gerächt hat. Da ihm die Polizei zu langsam und zu wenig effektiv arbeitet, stellt er auf eigene Faust Untersuchungen an. Dabei hilft ihm seine Stiefschwester (Catherine Deneuve), die aus England zurückgekehrt ist.

Catherine überrascht durch ihre Darstellung der Sarah, einer sehr realistischen Figur mit sehr ordinärer Sprechweise, was sich aus ihrem Munde seltsam anhört.

L'Agression ist ein gelungener Film, auch wenn der zweite Teil des Films etwas schwächer ist und sich in die Länge zieht. Claude Brasseur ist ein perfekter Sadist und Jean-Louis Trintignant und Catherine Deneuve bieten ein ideales Zusammenspiel. Drei Jahre später drehen sie zusammen *L'Argent des autres* (1977), auch mit Claude Brasseur. In der Figur der Sarah zeigte sich wieder eine neue Seite der komplexen Persönlichkeit Catherine Deneuves. Man verglich sie sogar mit Carole Lombard, die, genau wie sie, eine Mischung aus Geheimnis und Humor war, eine Persönlichkeit, die schwer zu erfassen war und immer Überraschungen bot.

Die USA hatten Catherine nicht vergessen. Robert Aldrich, ein Altmeister des amerikanischen Films, bot ihr in seinem Film *Hustle* (Straßen der Nacht, 1975), die Rolle eines Luxus-Callgirls an. Ihr Partner sollte Burt Reynolds sein. Dieser Kriminalfilm erinnert durch seine Regie und Schauspielerführung an den amerikanischen Film der vierziger oder fünfziger Jahre, als Humphrey Bogart und Laureen Bacall das beliebteste Leinwandpaar waren. Aldrich stellt die Brutalität einer Stadt der Beziehung eines ungewöhnlichen Paares, eines Polizisten (Burt Reynolds) und eines französischen Callgirls (Catherine Deneuve), gegenüber. Burt Reynolds ist auf der Suche nach dem Mörder eines jungen Mädchens, das in einen Sittenskandal verwickelt war. Er hat ein Verhältnis mit Nicole, dem jungen Callgirl. Durch die Ereignisse könnte sich dieses seltsame Paar entfremden, doch die Liebe hält es zusammen, auch wenn es nicht ohne Auseinandersetzungen ab-

›Hustle‹ (Straßen der Nacht, 1975) von Robert Aldrich, mit Burt Reynolds

geht. Beide träumen von einer friedlicheren Welt, in der sie neu anfangen könnten, von einem normalen Leben, doch schließlich wird alles durch die ungeheuere Brutalität, die in Los Angeles herrscht, zerstört. Der Held wird am Tag, an dem er sich entschieden hat, mit Nicole ein neues Leben anzufangen, durch die Kugeln eines Gangsters getötet. Nicoles letzte Chance schwindet dahin. Als sie am Flughafen auf ihn wartet, und er nicht kommt, versteht sie, daß alles vorbei ist. In England war *Hustle* ein großer Erfolg, doch in den USA und in Frankreich ein Reinfall.

Kaum war Catherine nach Frankreich zurückgekehrt, bereitete sie sich erneut auf eine große Reise vor, die sie über Caracas, die riesige Hauptstadt Venezuelas, auf die Bahamas führte. Jean-Paul Rappeneau engagierte sie zusammen mit Yves Montand erneut für eine Komödie. Zusammen mit Jean-Loup Dabadie arbeitete er monatelang daran, malte sich die Situationen aus, schrieb die Dialoge zu einer spritzigen Geschichte voller Tragikomik, die den Schauspielern die Gelegenheit gab, sich auf einer wilden Verfolgungsjagd rund um den Erdball zu verausgaben.

Das Paar Deneuve-Montand hatte noch nie zusammengearbeitet. Jean-Paul Rappeneau und das Publikum erhofften sich viel von dieser Zusammenarbeit und sie wurden nicht enttäuscht ...

Le Sauvage (Die schönen Wilden, 1975) erzählt die Geschichte eines Mannes, der alles hinter sich gelassen hat, um einsam auf einer verlassenen Insel zu leben. Die unerwartete Ankunft einer Frau ändert sein Leben und stellt seine Welt auf den Kopf. Das Thema ist praktisch das gleiche wie in *Liza,* doch Rappeneau und Dabadie finden einen optimistischen Ton, wobei auch der Zärtlichkeit eine große Rolle zukommt. Die beiden Hauptdarsteller bieten eine erstaunliche Probe ihrer Sportlichkeit; sie laufen, kämpfen, schwimmen, ohne Atem zu holen. Catherine verkörpert die Rolle einer blonden, sturen »Nervensäge«, die alles tut, um Yves Montands Leben zur Hölle zu machen, bis zu dem Tag, an dem sich diese beiden Entwurzelten ineinander verlieben. Eine vorzügliche Regie, ein eindringlicher Dialog, hervorragende Aufnahmen und eine ausgezeichnete Darstellung machten *Sauvage* zum erfolgreichsten Film des Jahres 1975. Allein in Paris registrierte man mehr als eine Million Besucher. Für Jean-Paul Rappeneau, Jean-Loup Dabadie, Catherine und Yves Montand war es ein großer Erfolg, der heiß erkämpft werden mußte. Die dreimonatigen Dreharbeiten im Ausland bedeuteten für Catherine die Abwesenheit von der Familie. Sie tröstete ihre Tochter mit von ihr besprochenen Kassetten.

›Le Sauvage‹ (Die schönen Wilden, 1975) von Jean-Paul Rappeneau, 1975

›Le Sauvage‹ von Jean-Paul Rappeneau, 1975

Doch die Mühe lohnte sich. »Die Persönlichkeit der Nelly, die mit Schnoddrigkeit ihren Kummer überspielt, lag mir sehr. Obwohl es eine Komödie ist, sind die Personen ernsthaft. Die Frau, die ich spiele, handelt nicht aus Launenhaftigkeit. Sie hat Angst und möchte sich davon befreien ...«

Jean-Paul Rappeneau freute sich auf die erneute Zusammenarbeit mit Catherine: »In den beiden Filmen, die ich mit ihr gedreht habe, brachte sie die beiden männlichen Darsteller in Wallung.

Ihre Erscheinung bestimmte den Film, lockte die Helden aus ihrem Schneckenhaus. Sie ist unersetzlich. Die Leute haben von Catherine ein Bild, das nicht der Wirklichkeit entspricht. Sie ist sehr warmherzig. Unter ihrer physischen Zartheit verbirgt sich eine unglaubliche Widerstandskraft. Ich kenne niemanden, der schneller läuft als sie. Wenn ich wieder einen Film mit ihr drehe, lasse ich sie die Rolle einer energischen Frau mit Kindern spielen.«

Catherine freute sich über den Erfolg von *Le Sauvage* und beschloß, etwas auszuspannen. Nach einem langen Aufenthalt in Lateinamerika und den USA war sie froh, wieder in Paris bei ihren Kindern und Freunden zu sein. Ein Jahr lang widmete sie sich nur Christian und Chiara, las Drehbücher und bereitete ihre Rückkehr zum Film vor.

Nach dieser langen Phase des Privatlebens spielte sie die Rolle einer Mutter, die nach Jahren der Haft ihren fünfzehnjährigen Sohn wiederfindet, ihn aber erst kennenlernen muß.

Claude Lelouch beabsichtigte mit seinem Film *Si c'était à refaire* (Ein Hauch von Zärtlichkeit, 1976) keineswegs eine soziologische Studie über die Resozialisierung der Frau. Dieser Film konzentriert sich mehr darauf, die Liebe und Freundschaft der Hauptpersonen zu beschreiben, als den entsprechenden Hintergrund zu studieren. Catherine Deneuve entlockt ein Lächeln, wenn sie, schöner denn je, nach fünfzehnjähriger Haft das Gefängnis verläßt und bald eine angenehme, gutbezahlte Stelle findet oder sich in Begleitung ihres wiedergefundenen Sohnes im Club Méditerranée sonnt. Doch Lelouch hatte nicht im Sinn, den etwas trüben Realismus des Alltags herauszustreichen. Er zog es vor, eine Frau zu beschreiben, die mit einem Knaben lebt, der ihr Sohn ist, den sie aber nicht kennt. Natürlich fehlen nicht die Schablonen des Fotoromans, doch man sollte sich von dem leidenschaftlichen Rhythmus des Films und dem wahrheitsgetreuen Spiel der Schauspieler mitreißen lassen. Ganz besonders fällt dabei Anouk Aimée ins Auge, die man endlich einmal wieder auf der Leinwand bewundern konnte. Charles Denner als verständnisvoller Anwalt, Francis Huster als Geschichtslehrer und Jean-Jacques Briot als Catherines Sohn, stellen eine glänzende Besetzung dar und bilden einen guten Rahmen für das Duo Catherine und Anouk. Für Catherine bot sich hier die Möglichkeit, eine Mutterrolle zu spielen und den Mont Blanc zu besteigen, da der Film auf dem Gipfel dieses berühmten Berges endet. Nach der erstickenden Hitze auf den Bahamas entdeckte Catherine, zusammen mit Anouk Aimée, die große Kälte. Gemeinsam bestiegen sie, angeseilt und in Begleitung eines Arztes, in vier Stunden den Mont Blanc, wobei sie von Lelouchs Kameras gefilmt wurden.

Bis dato hatte Lelouch noch nicht mit Catherine gearbeitet. Er hatte sie auf der Leinwand gesehen und sich überlegt, daß sie für ihn erst interessant wäre, wenn sie ein paar Falten hätte. *Si c'était à refaire* war die Geschichte einer Begegnung und eines Erfolges, der sich für Claude und Catherine zwei Jahre später mit *A nous deux* (Allein zu zweit, 1979) wiederholen sollte.

Venedig diente als Hintergrund für den eigenartig beklemmenden Film, den Catherine mit Dino Risi machte. *Anima Persa*/Ames Perdues (1976) unterschied sich grundlegend von seinen früheren Werken. Es ist ein Drama, das in den Windungen des venezianischen Kanals spielt. Hauptpersonen sind zwei willenlose Seelen, die von Catherine Deneuve und Vittorio Gassman dargestellt werden. In diesem Film ist alles beängstigend: sowohl der seltsame verfallene Palast, in dem das beunruhigende Paar lebt, als auch das bizarre Verhalten. Die blasse, unauffällige Catherine scheint von ihrem Mann total terrorisiert zu werden. Er macht sich ein hämisches Vergnügen daraus, sie lächerlich zu machen und wie ein unverantwortliches Kind zu behandeln. Ein junger Neffe, der ein paar Wochen in Venedig verbringen möchte, um Malunterricht zu nehmen, ist die einzige Person des Films, die uns aus der erstickenden Atmosphäre des Palastes entführt, denn er besucht die Kunstakademie. Diese Szenen bilden die ein-

›Si c'etait a Refaire‹ (Ein Hauch von Zärtlichkeit, 1976) von Claude Lelouch, 1976

zigen Verknüpfungen mit der Realität und ermöglichen es uns, die Geschichte zeitlich festzulegen.

In dem Palast, in dem dem jungen Mann unter mysteriösen Vorwänden mehrere Zimmer verschlossen bleiben, herrscht eine düstere Stimmung. In der Nacht hört man oft Klavierspiel, als ob ein Kind übte. Als der junge Mann eines Tages seine Neugier nicht mehr bezähmen kann, dringt er in eines der verbotenen Zimmer ein und entdeckt ein Kinderzimmer voller Spielsachen, Schulhefte, Kinderkleider, die einzige Erinnerung an ein kleines Mädchen, das unter seltsamen Umständen verschwunden ist. Nach dieser Entdeckung werden die Geheimnisse schnell gelüftet.

Es ist ein fesselnder, sehr gut gespielter Film. Vittorio Gassman und Catherine stellen ihre Konfrontation und ihren zunehmenden Wahnsinn sehr überzeugend dar. *Ames perdues* ist einer von Catherines besten Filmen, dessen Mißerfolg in Frankreich nicht zu verstehen ist. Vittorio Gassman erklärte, er bedauere es, daß er so wenig Szenen mit Catherine zu spielen hatte und gerne einen neuen Film mit ihr machen würde.

Die Figur der Simone Picard, die Catherine Deneuve in *March or Die* (Marschier oder stirb), spielt, bedarf nicht vieler Worte. Dieser Film entstand 1977 unter der Regie von Dick Richards und muß als Panne bezeichnet werden. Was um Himmels willen macht Catherine in einer Galeere? Vielleicht reizte es Catherine neben Terence Hill, Gene Hackman und Max von Sydow in einer großen internationalen Produktion zu spielen und sich für die Dreharbeiten wieder ins Ausland zu begeben. Doch die großen Produktionen liegen ihr nicht. Nach *Mayerling,* in dem sie eine zerbrechlich zarte Maria Vetsera darstellte, spielt sie in *March or Die* eine junge, geheimnisvolle französische Witwe, die eine Gruppe von Legionären auf eine Reise durch die marokkanische Wüste begleitet. Natürlich sind die Männer von ihrer Schönheit geblendet. Catherine fühlt sich in diesem Film unbehaglich. Doch irren ist menschlich, also vergessen wir schnell diesen Film, der ein gewaltiger Mißerfolg wurde.

Das Trio aus *L'Agression,* Catherine Deneuve, Jean-Louis Trintignant und Claude Brasseur fand sich erneut zusammen, um einen gelungenen intelligenten Film zu drehen. Unter der Regie von Christian Challonges entstand *L'Argent des autres* (1977) der 1978 den Prix Louis-Delluc erhielt. Erzählt wird die Geschichte eines großen Finanzskandals, der in Frankreich Aufsehen erregte. Wir betreten die eigentümliche Bankwelt, eine Welt der braunen Teppichböden und der Ledersessel, in der ein redlicher Prokurist ohne langes Federlesen auf die Straße gesetzt wird. Er dient als Sündenbock, um die unlauteren Transaktionen eines Bankiers, der von einem Gauner hereingelegt wurde, zu übertünchen. Der Prokurist ist unfähig zu reagieren, doch mit Hilfe seiner Frau versucht er, gegen das Banksystem und die Unredlichkeit zu kämpfen. Da dieses System unerschütterlich ist, muß er sich einen neuen Job suchen. Am Schluß sehen wir ihn, wie er Geschäftsleuten Etikette beibringt.

In *L'Argent des autres* agiert Michel Serrault meisterhaft, den man hier endlich in einer ernsten Rolle sieht. Dasselbe gilt für Claude Brasseur als Gauner und für das Paar Deneuve-Trintignant. Es ist ein sehenswerter Film, der mit Recht den Prix Louis-Delluc erhielt.

Für Catherine war diese recht nebensächliche Rolle einer aufsässigen Ehefrau sehr wichtig. Auch wenn sie recht selten auf der Leinwand erscheint, fühlt man ständig ihre Anwesenheit und sie treibt die Handlung voran. Jean-Louis Trintignant, ein langjähriger Freund Catherines, schreibt über sie in seinem Buch »Un Homme à sa fenêtre«: »Sie besitzt das Zeug einer Moreau. Zu Beginn war sie nicht sehr gut, doch seit einigen Jahren wird sie immer besser. Ihr Talent setzt sich aus Anspruch, Ehrlichkeit, Engagement, Unerbittlichkeit und Verrücktheit zusammen. Es gibt kein Talent ohne einen Funken Verrücktheit. Catherine besitzt einen guten Funken davon.«

Mit *Ecoute voir* ... (1978) schlüpfte Catherine in eine Rolle, die für eine Frau völlig neu war. Hugo Santiago führte Regie. Mit dem Filzhut auf dem Kopf, den Regenmantel über die Schulter geworfen, die Pistole im Gürtel stellt sie eine Art weiblichen Humphrey Bogart dar. Weit entfernt von den provozierenden oder gezierten Frauen, die im allgemeinen in den Schwarzen Filmen vorkommen, wird Catherine in diesem Film mit Situationen konfrontiert, die bis dato den Männern vorbehalten waren. Keinerlei Koketterie oder Verführungsversuche! Die Protagonistin heißt Claude Alphand und es ist bestimmt kein

Zufall, daß Santiago einen Vornamen gewählt hat, der gleichermaßen auf Frauen wie auf Männer anwendbar ist.

Hugo Santiago dachte bei dieser Rolle eines weiblichen Privatdetektivs sofort an Catherine Deneuve. Er fühlte, daß sich hinter ihrer augenscheinlichen Sanftmut und Zartheit eine gewisse Kraft und Humor verbergen. Hugo Santiago ist ein argentinischer Regisseur der sich noch keinen großen Ruf erworben hat, dennoch zögerte er nicht, Catherine das Drehbuch anzubieten. Sie interessierte sich sehr dafür: »Ich habe mit Hugo Santiago einen Film gemacht, den ich sehr mag. Ich freue mich, daß er nicht gezögert hat, mir seine Geschichte vorzulegen, denn manche Schauspieler wollen es nicht riskieren, mit einem wenig bekannten Regisseur zu filmen. Ich schon! Ich treffe meine Wahl aufgrund des Themas und nicht wegen der Berühmtheit des Regisseurs. Hugo bewegt sich in einer ganz anderen Welt als ich, was uns nicht daran hinderte, zusammen einen Film zu machen. Für mich ist das eine sehr wichtige Erfahrung. Er schlug mir diese Rolle vor, weil er wußte, daß ich für alle Themen offen bin. Für mich ist es wesentlich, daß die Leute sich von mir inspirieren lassen, für mich schreiben. Und ich glaube sie wissen das.«

Nachdem sie einige Tage bei der Polizei das Schießen gelernt hatte, war sie bereit, die Rolle der Claude Alphand zu spielen, die Untersuchungen über einen seltsamen Fall, der mit einer religiösen Sekte zusammenhing, anstellen mußte. Zusammen mit Samy Frey, mit dem sie zehn Jahre nach *Manon 70* wieder gemeinsam filmte und Didier Haudepin, der ihren Sekretär spielt (in diesem Film sind alle Rollen umgekehrt), bot sich Catherine erneut die Möglichkeit, uns zu überraschen. Dennoch wurde *Ecoute voir ...* zu einem kommerziellen Mißerfolg, obwohl die Kritiker ihn recht wohlwollend beurteilten.

Catherine gefiel ihre Arbeit mit Hugo Santiago und sie mochte ihre Rolle: »Obwohl *Ecoute voir ...* kein voller Erfolg wurde, liebe ich diesen Film. Die Idee, eine Frau in Si-

›Ecoute voir‹ von Hugo Santiago, 1978, mit Samy Frey

tuationen zu zeigen, die bisher ausschließlich männliches Terrain waren, gefiel mir. Meiner Filmfigur fehlen die üblichen weiblichen Attribute wie z. B. Ehemann oder Kinder. Ihre Beziehung zu den Menschen basiert mehr auf Humor, Entspannung, ja manchmal sogar mehr auf Gewalt als auf Charme. Für mich war es sehr amüsant, einen Privatdetektiv zu verkörpern.« Bestimmt ist Catherine über den Mißerfolg des Films enttäuscht.

Ils sont grands ces petits (1978) von Joël Santoni handelt von einem ungewöhnlichen Paar, das ferngesteuerte Spielsachen als Waffen im Kampf gegen einen windigen Immobilienmakler einsetzt.

Zum dritten Mal spielten Catherine Deneuve und Claude Brasseur zusammen. Santoni beschrieb seine Figuren so: »Catherine und Claude spielen zwei Freunde aus dem Sandkasten, die sich als Erwachsene wiederbegegnen und an ihre Kindheit anknüpfen. Er repariert Fernseher und betreibt als einziges Hobby Modellbau, sie hat von ihrem Vater allerlei wissenschaftlichen Plunder geerbt, darunter einen alten Roboter, der nicht mehr gut funktioniert. Dieses Paar, das in einer fiktiven Dimension lebt, sieht sich veranlaßt, mit sehr eigenartigen Waffen gegen einen Immobilienmakler und dessen Gehilfen zu kämpfen – mit Hilfe eines Lastwagens, eines Modellbootes und einer Schokoladenschachtel, die eine Bombe ist.«

Ils sont grands ces petits wurde an der Côte d'Azur und in Tunesien gedreht, wo Catherine ihren fünfunddreißigsten Geburtstag feierte. Obwohl das Drehbuch Schwächen aufweist, erleben wir des öfteren eine lachende Catherine, die damit ihren Wunsch bezeugt, sich mehr der Komödie zuzuwenden: »Ich lache gerne und bringe gern zum Lachen! Ich habe viele ernste Rollen gespielt, liebe aber komödiantische Figuren. Alles ist viel angenehmer und es herrscht bei Dreharbeiten zu einem leichten Film eine ganz besondere Atmosphäre. Mir gefielen meine Rollen in *La Vie de Château* und *Le Sauvage* und ich hoffe, ich habe bald wie-

›Ils sont Grands ces Petits‹ von Joël Santoni, mit Claude Brasseur

der die Möglichkeit, eine Komödie zu machen. *Les Demoiselles de Rochefort* waren keine eigentliche Komödie.
Das war ein bittersüßer Film voller Melancholie. Leider
bleibt in Frankreich die Komik immer ein wenig zu karte-
sianisch. Woody Allen hat eine Art, sich über die Liebe,
den Tod und den Sex lustig zu machen, die mir sehr gefällt.«

Catherine, die zugibt, daß sie genauso gerne Komisches
wie Dramatisches spielt, genauso gerne auf der Leinwand
lacht wie weint, lehnt nur eine Gattung Film ab: die brutа-
le.

»Ich ertrage die Gewalt nicht, ich kann nicht. Die ungeheuere Brutalität gewisser amerikanischer Filme wider-
strebt mir. Zum Beispiel konnte ich *Clockwork Orange*

(Uhrwerk Orange, 1971) nicht ertragen; nach zehn Minuten bin ich gegangen. Leider war das eine Premiere, doch ich war damals schwanger und konnte die Grausamkeit des Films nicht verkraften. Sowas gibt gleich Anlaß zum Skandal, doch ich kann es nicht ändern. Ich wurde an die Ermordung von Sharon Tate erinnert und konnte das nicht durchstehen.«

»Auf den ersten Blick erscheint *A nous deux* (Allein zu zweit, 1979) als ein Film à la *Bonnie and Clyde,* (Bonnie und Clyde, 1967), in dem es alles andere als ruhig zugeht. Es wird die Geschichte eines Mannes und einer Frau erzählt, für die es keine Gemeinsamkeit gibt, da sie aus zwei unterschiedlichen sozialen Klassen stammen, die nie miteinander in Berührung kommen, und sich niemals verstehen. Françoise (Catherine Deneuve) müßte ihre Ansichten grundlegend ändern, um sich zu denen Simons (Jacques Dutronc) bekennen zu können.

Außer diesen Hindernissen müssen Simon und Françoise mit allen Schwierigkeiten fertigwerden, die ein Leben außerhalb des Gesetzes mit sich bringt. Ihr Leben ist bestimmt durch Angst und Unsicherheit. Hinzu kommt, daß Françoise an einen Mann gebunden ist, der all das verkörpert, was sie haßt. Unter diesen Umständen, immer am Rande der Lüge, entsteht ihre Liebe, die um so tiefer wird, je mehr sie sich der Wahrheit nähern.

»An jedem Mann, an jeder Frau gibt es etwas zu finden, sofern man zu denen gehört, die suchen ...« Simon und Françoise sind Suchende.

»Ich hätte gern, daß *A nous deux* mein zuversichtlichster Film wäre, sich an all diejenigen richtete, die der Meinung sind, daß man zu zweit doppelt so viel erreichen kann. Und da ich weiß, daß es Leute gibt, die diese Zusätze und Abstriche überhaupt nicht interessieren, habe ich aus diesem Film einen Abenteuerfilm gemacht. Auch die Liebe kann ein Schauspiel sein, vor allem, wenn sich die Leute in etwas einmischen, was sie überhaupt nichts angeht.« So sieht

›A nous deux‹ (Allein zu zweit, 1979) von Jacques Dutronc, 1979

Claude Lelouch seinen Film *A nous deux,* der außer Konkurrenz bei den Filmfestspielen in Cannes vorgeführt wurde. Mit *A nous deux* wollte Lelouch erneut zwei Schauspieler vor die Kamera bringen, mit denen er bereits gedreht hatte: mit Catherine *Si c'était à refaire* und mit Jacques Dutronc *Les Bons et les Méchants* (Der Gute und die Bösen, 1976).

Die beiden langjährigen Freunde wurden also zu Françoise und Simon, die Hauptpersonen dieser dramatischen Geschichte, die sich völlig von dem euphorischen Optimismus in *Si c'était à refaire* unterschied.

Claude Lelouch erklärt seinen Schauspielern den Handlungsablauf, ohne ihnen ein Drehbuch vorzulegen; er läßt sie die Szenen und Dialoge im Laufe der Dreharbeiten entdecken. Für diesen Film reist das ganze Team über New York nach Kanada. Catherine Deneuve sagt über Lelouch: »Er arbeitet so wie ich liebe: schnell.« Die dreiwöchigen Dreharbeiten verliefen in atemberaubendem Rhythmus. Außerdem brauchte man für die Dreharbeiten zwei Teams; ein französisches und ein kanadisches, da ein Teil des Films in Quebec gedreht wurde.

Das Zusammenspiel Catherine Deneuve-Jacques Dutronc gestaltete sich sehr interessant. Beide verfügen über eine ungewöhnliche Sensibilität, ihr Zusammenspiel fasziniert. Sie befinden sich immer am Rande der Gesellschaft, gehetzt, ständig auf der Flucht und gezwungen, sich zu verstecken. Den ganzen Film über spürt man die dramatische Spannung.

Jacques Dutronc ist als ein zugleich sanfter und harter Mann ideal besetzt. Er bezeugt hier erneut sein dramatisches Talent, das er bereits in *L'important c'est d'Aimer* (Nachtblende, 1974) mit Romy Schneider gezeigt hatte. Catherine Deneuve, die fast ungeschminkt auftritt, hat wahrscheinlich noch nie so eine verletzliche Rolle gespielt wie die der Françoise. Sie wirkt sehr zerbrechlich und ist fast von Anfang bis zum Ende in Tränen aufgelöst.

In *A nous deux* gibt Chiara, Catherines kleine Tochter, ihr Filmdebüt.

Claude Lelouch verwendet in Zusammenhang mit Catherine Deneuve einen Begriff, der sie aufspringen läßt: Er bezeichnet sie als einen »Mythos«.

»Da Catherine Deneuve keine Lust hat, alles zu sagen und zu zeigen, hat sie die Chance, ein Mythos zu sein. Sie ist ein Mythos, weil sie schamhaft ist. Schauspielerinnen, die sich wie Prostituierte aufführen, ist zu mißtrauen.

Wenn es jemanden gibt, dem es nutzt, wenn Filme gedreht werden, ist es sie. Egal, ob es gute oder schlechte sind; sie hat die Möglichkeit und das Talent, eine Synthese daraus zu schaffen. Irgendwo habe ich gesagt, die schönsten Lebensjahre seien die, die man noch nicht gelebt habe, und ich glaube, genau das trifft auf Catherine zu. Sie kann uns immer wieder aufs neue in Erstaunen versetzen.« Catherine wehrt sich dagegen, ein Mythos zu sein. Humorvoll erklärt sie, daß sie noch nie diesen Begriff in Zusammenhang mit ihrer Person verwendet habe und ihn nie verwenden werde: »Une mite peut-être! mais pas un mythe.«*

Catherine Deneuve bleibt einem Vorsatz treu und dreht nur zwei Filme pro Jahr. »Mehr könnte ich nicht machen. Der Film fasziniert mich, ich liebe diesen Beruf, von dem ich lebe und könnte mir keinen anderen vorstellen. Aber es gibt auch noch andere Dinge im Leben. Ich habe zwei Kinder, eine Familie, Freunde und ich möchte Zeit für mein Privatleben haben und auf nichts verzichten, weder auf mein Privatleben noch auf meinen Beruf. Im Augenblick gelingt es mir, beides miteinander zu verbinden. Mein Privatleben ist für andere nicht interessant, für mich aber vordringlich. Ich rede gerne über die Filme, die ich gemacht habe, aber ich hasse es, über die damit verbunde-

---

* A.d.Ü.: Im Französischen ein Wortspiel »mite« (Motte) und »mythe« (Mythos) = »vielleicht eine Motte, aber kein Mythos.«

ne Arbeit zu sprechen. Ich finde es ziemlich ungehörig, über die physische Anstrengung zu reden, das ist, als ob ein Tänzer berichten würde, wie viele Stunden er pro Tag an der Stange übt. Ich finde, es gibt viel anstrengendere Dinge als das Filmen und es ist doch wohl das mindeste, daß man über diesen privilegierten Beruf mit einem gewissen Glücksgefühl spricht.«

Ihr zweiter Film im Jahre 1979 führte sie nach Amsterdam und bot ihr die Möglichkeit, wieder zu singen. »Ich liebe die Musik und singe gern. Mit Musik geht alles leichter und bei meinem ersten großen Film hatte ich die Gelegenheit, meine Rolle singend darzustellen. Auch wenn meine Stimme in *Les Parapluies de Cherbourg* gedoubelt wurde, war dies doch ein unvergeßliches Erlebnis.«

Yves Robert ließ Catherine in seinem Film *Courage, Fuyons* (1979) singen. Sie verkörpert hier eine Kabarettsängerin à la Marlene Dietrich, die es auf Jean Rochefort abgesehen hat. Es ist eine leichte, zärtliche Komödie, die Yves Robert souverän inszeniert. Jean Rochefort spielt glänzend; und ihm und Catherine gehen die Dialoge von Jean-Loup Dabadies leicht von der Zunge.

Zum Auftakt wird Jules Renards berühmter Satz zitiert: »Da er nur auf seinen Mut hörte, der ihm nichts sagte, hütete er sich, zu intervenieren« – damit ist der Ton angegeben. Ein Feigling namens Martin Belhomme (J. Rochefort) wird in unglaubliche Abenteuer verstrickt, die ihn von Paris, das noch unter den Nachwirkungen der Mai-Unruhen von 68 leidet, nach Amsterdam führen. Verursacht wird alles aufgrund seiner Liebe zu einer leichtsinnigen Kabarettsängerin, die natürlich von Catherine Deneuve gespielt wird. Das Gespann Deneuve-Rochefort, das hier zum ersten Mal zusammen vor der Kamera steht, ist drollig und zärtlich. Es ist besonders erfreulich, daß Jean Rochefort, der nur allzuoft mit Nebenrollen abgespeist wird, hier eine Hauptrolle spielt.

Jean Rochefort sagte mit einem Augenzwinkern:

›Courage, Fuyons‹ von Yves Robert, mit Jean Rochefort

»Wenn man mir vorausgesagt hätte, daß ich einen Film drehen würde, in dem Catherine Deneuve in mich verliebt wäre, hätte ich mich vor Lachen gebogen.« Bekleidet mit einem langen schwarzen Abendkleid mit Pailletten und einer weißen, um die Schultern drapierten Boa beginnt Catherine mit heller Stimme und sicherem Auftreten ihr Chanson »The Lady from Amsterdam«, ein bißchen à la Marlene und ein bißchen à la Marylin, gleichzeitig auf französisch und englisch. Ihre Gelöstheit und ihr gelockertes Spiel bestätigen, daß die undurchdringlichen und unzugänglichen Heldinnen eines Buñuel überholt sind. Nachdem sie fünfundzwanzig Jahre geheimnisvoll war, ist sie mit fast vierzig zugänglicher. Dabei ist ihr Charme nach wie vor überwältigend, auch wenn er jetzt weniger doppeldeutig ist. Das Gespann Robert-Dabadie und das Duo Deneuve-Rochefort erntet mit *Courage, Fuyons* einen beachtlichen Erfolg.

Im übrigen scheint das Chanson Catherine Deneuve sehr zu reizen.

Zusammen mit Gérard Depardieu sang sie ein Chanson bei einer Fernsehsendung und das Projekt, mit Gainsbourg eine Platte zu machen, scheint nicht unrealisierbar zu sein ...

Das Jahr 1979, das für Catherine Deneuve beruflich so erfolgreich war, sollte ihr privat großen Kummer bringen. Der Tod ihres Vaters, des Schauspielers Maurice Dorléac, im Dezember, sollte ihr persönliches Glück überschatten. Dieser warmherzige Vater war so stolz, daß zwei seiner Töchter Schauspielerinnen geworden waren. Nach dem schmerzlichen Verlust seiner Ältesten freute er sich ganz besonders über Catherines Erfolge, vor allem da sie anfänglich so gezögert hatte, auf den Spuren des Vaters und der Schwester zu wandeln. Zwischen dem Vater Dorléac und seinen Töchtern bestand immer ein ganz besonderes Einverständnis: »Mein Vater war immer sehr stolz auf seine Töchter. Ich weiß noch, daß er uns sehr hübsch fand, als wir noch klein waren. Für ihn bedeutete es ein großes Glück, Töchter zu haben. Denn für ihn zählten nur Töchter als Kinder. Er hat ziemlich spät geheiratet und war entzückt, vier Töchter zu haben.«

Nachdem Catherine ihren Auftritt in der Fernsehsendung »Stars« von Michel Drucker abgesagt hatte, trat sie erst nach mehrmonatigem Schweigen wieder in Erscheinung und zwar in einer Rolle, die zweifellos die schönste und ausgereifteste in ihrer Karriere darstellt: als Marion

Steiner in François Truffauts *Le Dernier Métro* (Die letzte Metro, 1980).

Neun Jahre nach ihrem ersten Film traf François Truffaut seine Sirene wieder, machte aus der aufregenden Marion Bergamo, die Jean-Paul Belmondo in ihre Netze gelockt hatte, die Theaterdirektorin Marion Steiner, die hin- und hergerissen wird zwischen der Liebe zu ihrem Mann und ihrer aufkeimenden Leidenschaft für einen Schauspieler der Truppe.

»Mit *Le Dernier Métro* wollte ich mir drei Wünsche erfüllen: einen Film über das Theater zu machen, das Leben zur Zeit der Besatzung zu schildern und Catherine Deneuve die Rolle einer verantwortungsbewußten Frau zu übertragen«, äußert sich Truffaut über seinen zwanzigsten Film, der zweifellos einer seiner schönsten ist.

Sein Drehbuch wurde von verschiedenen Schauspieler-Autobiographien inspiriert. Verarbeitet wurden aufschlußreiche Anekdoten über das Theaterleben während der Besatzungszeit: Die Verfolgung jüdischer Schauspieler kommt ebenso zur Sprache wie die ständige Angst, daß die gespielten Stücke von heute auf morgen durch eine rigorose Zensur verboten werden.

Truffauts Liebe zu den Schauspielern und sein Respekt gegenüber den Theaterleuten, von der Kostümbildnerin bis zum Maschinisten, ist in jeder Phase dieser dramatischen Chronik spürbar, eine Verbeugung vor dem Theater wie *La Nuit américain* (Die amerikanische Nacht, 1972/73) eine Verbeugung vor dem Kino war.

In dieser bedrückenden Atmosphäre übernimmt eine Frau, die selbst Schauspielerin ist, die Direktion des Theaters ihres jüdischen Mannes, der vor den Nazis fliehen mußte. Nie hätte sich Marion Steiner vorstellen können, daß sie eines Tages die Leitung des Theaters am Montmartre übernehmen würde. Plötzlich muß sie alleine mit allen Problemen fertig werden, ob es solche verwaltungstechnischer Art sind oder ganz einfach persönliche. Sie ist eine energische Frau, die die Verantwortung ohne Murren übernimmt. Catherine Deneuve herrscht majestätisch, voller Energie und Sensibilität über die Theaterwelt. Selten war sie so echt, so aufwühlend, so verbunden mit einer Figur. Auch ihre Mitspieler sind ausgezeichnet: Heinz Bennent spielt den Ehemann, Gérard Depardieu den aufstrebenden Schauspieler; er steht mit Marion Steiner auf der Bühne, denn sie ist nicht nur Theaterdirektorin, sondern auch Schauspielerin. Jean Poiret verwandelt sich in einen Regisseur, Maurice Rich spielt den Maschinisten, Sabine Haudepin, das kleine Mädchen aus *Jules et Jim* (Jules und Jim, 1961) und *La Peau douce* (Die süße Haut, 1963), spielt eine ehrgeizige Schauspielerin, die um des Erfolges willen alles täte, Andréa Ferreol repräsentiert die talentierte Kostümbildnerin und Paulette Dubost die bärbeißige, doch warmherzige Garderobiere. In dieser Welt der Erwachsenen darf der kleine Jacot nicht vergessen werden, denn François Truffaut wußte nicht, ob er bei seinem Film über die Besatzung die Welt der Erwachsenen oder die der Kinder wählen sollte. Er entschied sich dann schließlich für die Erwachsenen, baute aber die Rolle des kleinen Jungen ein, denn er selbst war zu der Zeit, als Paris besetzt war, in Jacots Alter.

Das Böse wird hier nicht nur durch den Deutschen, den ungebetenen Gast in einer Stadt, die vorübergehend ihre Nationalität verloren hat, verkörpert, sondern hauptsächlich durch einen französischen Kollaborateur und Theaterkritiker, der im Theater eine Schreckensherrschaft ausübt. Daxiat, glänzend dargestellt, von Jean-Louis Richard, verfügt über ungewöhnliche Autorität und besitzt die Macht, alles verbieten zu lassen, was ihm nicht gefällt oder ihm zu jüdisch erscheint. Er kommt immer zu spät zu den Vorstellungen, führt sich grob und ungezogen auf und wird einmütig von allen Schauspielern gehaßt. Voller Genuß erleben wir, wie Gérard Depardieu ihm nach seiner Kritik an dem Stück »La Disparue«, das vom Théâtre

›Le dernier Metro‹ (Die letzte Metro, 1980) von François Truffaut

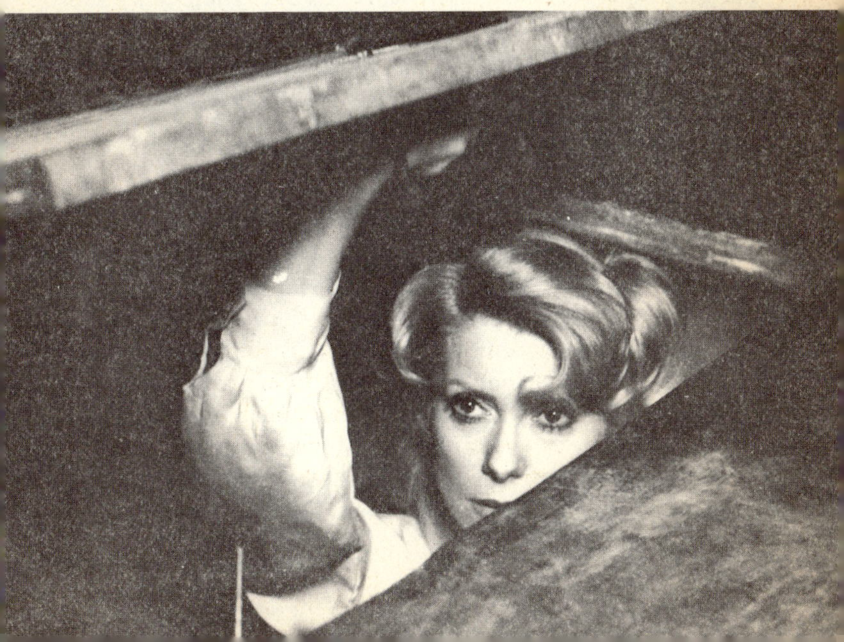

Montmartre aufgeführt wurde, einen berechtigten Verweis erteilt.

Im übrigen ist dieser Verweis die genaue Kopie jenes Verweises, den Jean Marais, nach einer Kritik an einem Stück Cocteaus, Alain Laubreaux erteilt hatte.

François Truffaut bedient sich voller Behutsamkeit authentischer Anekdoten, so z. B. auch jener, als Yvonne Printemps den Geistesblitz hatte, das Rampenlicht, das aufgrund einer elektrischen Störung nicht mehr funktionierte, durch Autoscheinwerfer zu ersetzen.

Die Figur der Marion Steiner ist ohne Zweifel von Yvonne Printemps und Simone Berriau inspiriert, die während der Besatzung in Paris Theaterdirektorinnen waren.

Le Dernier Métro zeigt auch Anklänge an *La Sirène du Mississipi*. Truffaut wählt für seine Heldin den gleichen Vornamen und fügt auch einige Sätze ein, die Marion Bergamo gesprochen hat und die Marion Steiner in »La Disparue« zitiert. Wenn Marion-Catherine zu ihrem Partner Gérard Depardieu sagt: »Karl, ich begegnete der Liebe. Macht Liebe Kummer?«, erinnert man sich, daß Marion-Catherine in einem Chalet in den Bergen unter Tränen den gleichen Satz zu Jean-Paul Belmondo gesagt hatte. Und wenn Depardieu zu Catherine sagt: »Du bist so schön, daß es wehtut, dich anzuschauen«, sieht man die Szene vor sich, als Belmondo in Würdigung der Schönheit der Sirene, die seine Welt auf den Kopf stellte, die gleichen Worte gesprochen hatte.

Der Film *Le Dernier Métro* ist ein Meisterwerk, zudem bietet er eine der schönsten Frauenrollen, die ein Regisseur einer Schauspielerin anbieten kann. Truffaut hat sich für Catherine entschieden und zwar in Würdigung ihrer geheimnisvollen Persönlichkeit, ihrer Schönheit und ihres Talents.

Catherine Deneuve hat noch nie Theater gespielt: »Ich glaube, das kann ich nicht. Die Vorstellung, vor einem Pu-

Catherine Deneuve und Gérard Depardieu in ›Le dernier Metro‹, 1980

›Le dernier Metro‹ von François Truffaut

›Le dernier Metro‹, mit Heinz Bennent

blikum zu stehen, lähmt mich. Ich leide fürchterlich unter
Lampenfieber. Wenn ich einen Preis entgegennehmen
oder übergeben muß, ist mir das peinlich. Ich fühle mich
dabei todunglücklich.«

Hoffen wir, daß die Figur der Marion Steiner sie bewegt, ihre Meinung zu ändern und daß wir sie eines Tages
auf der Bühne erleben können.

Le Dernier Métro wurde in einer leerstehenden Schoko-
ladenfabrik in der Nähe von Clichy gedreht. François
Truffaut verbot den Journalisten den Zugang, da er nicht
wollte, daß die Atmosphäre gestört werde, diese bedrük-
kende und beängstigende Atmosphäre des besetzten Paris! Mit Catherine Deneuve und Gérard Depardieu schafft

er ein neues Filmpaar, das in der Erinnerung haften wird und genauso beeindruckend ist, wie Michèle Morgan und Jean Gabin in *Quai des Brumes* (Hafen im Nebel, 1938).

Le Dernier Métro wurde vom Publikum und der Kritik begeistert aufgenommen, allein in Paris wurden 800 000 Eintrittskarten verkauft. Damit stand dieser Film an der Spitze der französischen Produktion des Jahres 1980. Es ist einer dieser Wunderfilme, die in der Laufbahn eines Regisseurs oder eines Schauspielers nur selten vorkommen. Zum Erfolg verhalf ihm die gelungene Idee, die Musik, die Ausstattung und vor allem die ausgezeichneten Darsteller, die den Zuschauer von Anfang bis zum Ende gefangenhalten. Die letzte Szene des Films spielt natürlich auf der Bühne eines Theaters nach der Befreiung. Catherine-Marion bildet den strahlenden Mittelpunkt zwischen ihrem Mann und ihrem Liebhaber und alle drei grüßen ein begeistertes Publikum.

Catherine Deneuve sieht die Figur der Marion Steiner als eine ihrer anspruchsvollsten Rollen: »Selten spielte ich eine Rolle, in der ich so viel sprach, so viel entschied. Im täglichen Leben gibt es nicht viele Frauen, die eine verantwortliche Rolle spielen, noch seltener sind sie im Film, wo mehr ihr Privatleben interessiert und sie keine echte Verantwortung tragen. Diese Rolle ist bei weitem anspruchsvoller als manch andere. Die Heldin bleibt in einer reinen Männerwelt immer noch in erster Linie Frau.«

François Truffaut und Catherine Deneuve verschaffen sich mit *Le Dernier Métro* Genugtuung für den unverdienten Mißerfolg von *La Sirène du Mississipi*. Vielleicht gelingt ihnen in ein paar Jahren noch einmal ein solch großartiger Film, der von der vollkommenen Übereinstimmung zwischen Schöpfer und Darsteller lebt …

Nachdem Truffauts Film beendet war, begab sich Catherine auf die Insel Maurice. Claude Berri hatte sie dorthin bestellt, um mit ihr die ersten Aufnahmen für seinen Film *Je vous aime* (1980) zu machen.

Berris Intention war, aufzuzeigen, warum es heutzutage für die meisten Menschen nicht mehr denkbar ist, »sein Leben nur einmal zu leben«, das heißt, ein Leben lang mit dem gleichen Partner zu leben. *Je vous aime* zeichnet das Porträt einer fünfunddreißigjährigen Frau, die in ihrer Erinnerung die etwas durcheinandergeratenen Stücke eines Puzzles, die letzten fünfzehn Jahre ihres Lebens zusammenzusetzen versucht.

Auf der ständigen Suche nach dem absoluten Glück, das es nicht gibt, erleidet sie immer wieder Schiffbruch. Alice ist auf der Suche nach sich selbst. Sie leidet und bewirkt, daß andere leiden. In der Liebe liebt sie nur den Anfang, die Leidenschaft und die unbeschwerte Verrücktheit der ersten Rendezvous. Da sie die Gewohnheit und die tägli-

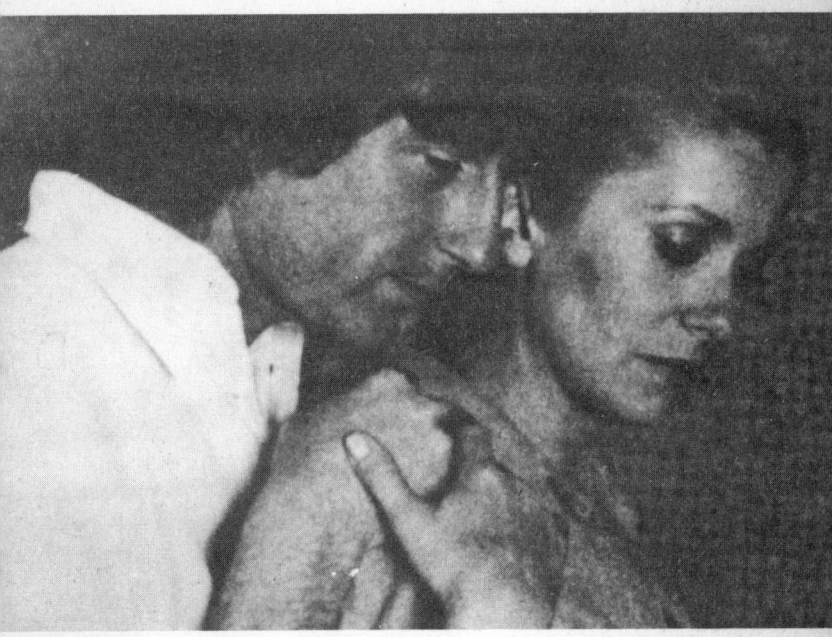

In ›Je vous aime‹ von Claude Berri, 1980, mit Alain Souchon

che Monotonie haßt, geht sie, wenn sich die Routine einstellt: »Ich kann nicht jeden Tag zur gleichen Zeit Liebe machen; ich brauche Zeit, um an die Liebe zu denken«, sagt sie.

Erzählt werden vier Liebesgeschichten: die heftigte Liebe mit Serge Gainsbourg, die leidenschaftliche mit Gérard Depardieu, die beruhigende mit Jean-Louis Trintignant und schließlich die zärtliche mit Alain Souchon, der hier sein vielversprechendes Filmdebüt gibt. Keinem dieser Männer gelingt es, diese Frau zu halten. Schließlich trennt sie sich von ihrem letzten Liebhaber, um zu sich selbst zu finden. Damit hat ihr Reifeprozeß begonnen.

Die Figur der Alice erscheint recht oberflächlich, ja künstlich und nichtssagend. Doch wenn man versucht, die Motive dieser Frau zu ergründen, dann versteht man, daß sie eine Welt repräsentiert, in der »je vous aime« (ich liebe dich) nicht mehr automatisch »ein Leben lang« bedeutet. Alice ist eine sentimentale Frau, die unter ihrer Unfähigkeit, echte Liebe zu empfinden, leidet. Hinzu kommen noch ihre zwei Kinder. Sie hat Schuldgefühle gegenüber ihrem sechzehnjährigen Sohn, der seine Mutter nicht verstehen kann. Als Julien (Jean-Louis Trintignant), mit dem sie die längste Beziehung hat, zu ihr sagt: »Alice, eines Tages wirst du ganz allein sein«, wirkt dies niederschmetternd auf sie.

Diese Rolle wurde Catherine Deneuve auf den Leib geschrieben. Doch die Presse und das Publikum zogen daraus den voreiligen Schluß, Alice sei völlig identisch mit Catherine. Sicher, Claude Berri hatte, als er seine Hauptfigur schuf, sie vor Augen. Aber er übernahm von ihr nur ein paar biographische Daten: Z. B. den großen Jungen und das kleine Mädchen, die verschiedene Väter haben. Auch ihre Gleichgültigkeit gegenüber der Ehe erinnert an Catherines Einstellung. Der Rest ist reine Fiktion, doch Trintignant erklärt, warum alles so authentisch erscheint: »Catherine identifiziert sich völlig mit der Figur, und schließlich hat man nicht mehr den Eindruck, daß es sich um eine Fiktion handelt. *Je vous aime* ist ein Film über eine Schauspielerin für eine Schauspielerin.« Catherine Deneuve ist etwas ungehalten, weil man sich so bemüht, sie mit ihrer Rolle zu identifizieren: »Ich bin sehr verstört, weil sich die Leute bei diesem Film die Köpfe darüber zerbrechen, ob ich am Drehbuch mitgearbeitet habe und ob ich Ähnlichkeit mit Alice habe. Nein, ich habe nicht am Drehbuch mitgewirkt, denn ich könnte mich nicht für eine Figur engagieren, die mir zu sehr ähnelte. Ich bin keine Person der Herzensergüsse. Ja, es stimmt, die Alice wurde für Catherine Deneuve geschaffen, aber nicht von Catherine. Ich hasse den Exhibitionismus im Schauspielerberuf und mag keine Anstößigkeit.«

Das Bild, das die Presse von Alice gab, gefiel ihr nicht besonders. »Das, was ich über diesen Film gelesen habe, entspricht nicht dem Film, den ich gesehen habe. Alice ist keine Frau, die die Männer aufreißt und sie wieder fallen läßt. Alles ist viel komplexer. Alice ist eine sentimentale Frau, kein männermordender Vamp. Seit einigen Tagen fühle ich mich wie Mae West unter ihren Boys.«

Je vous aime bot Catherine auch die Möglichkeit, im Duett mit Serge Gainsbourg zu singen, zudem spielte sie hier wieder mit ihrem Partner aus *Le Dernier Métro*, Gérard Depardieu. Er sagt über sie: »Catherine ist der Mann, der ich gern wäre. In ihr herrscht völlige Harmonie zwischen Männlichkeit und Weiblichkeit.« Serge Gainsbourg erklärt: »Catherine ist eine charmante Frau voller Ambiguität und eine Schauspielerin mit außergewöhnlichen dramatischen Fähigkeiten.«

Schluß

Bedarf es noch weiterer Worte? Muß man noch erwähnen, daß Catherines glänzende Filmkarriere durch einen Preis gekrönt wurde? Dieser César, den sie für ihre Darstellung der Marion Steiner erhielt und der der besten Schauspielerin des Jahres verliehen wird, bedeutet einen weiteren Höhepunkt in der zwanzigjährigen Karriere Catherine Deneuves. Erst kürzlich erklärte sie lächelnd: »Ich bin keine echte Schauspielerin.« Das ist bestimmt richtig. Als sie in ihrer roten Robe den Preis in Empfang nahm, erklärte sie schlicht: »Das ist das erste Mal, daß ich einen Preis für mich ganz alleine erhalte und ich freue mich ganz besonders, daß ich ihn für *Le Dernier Métro* bekomme.« Für sie ist der Schauspielerberuf ein Teil ihres Lebens; jedoch nicht eine ständige Geisteshaltung. Das Leben ist zu kurz, äußert sie des öfteren, um alles zu erleben, was man gerne möchte.

Sie sagt ja zur Karriere, aber es gibt auch noch Schwestern, Eltern, zwei Kinder und Freunde. Sie möchte auf nichts verzichten. 1980 ist ein besonderes Jahr für sie, es ist eines dieser Jahre, die eine Karriere bestimmen, wenn plötzlich Fernsehen und Presse aufmerksam werden, man auf allen Titelblättern erscheint und unzählige Interviews gewährt und sich über das Leben, die Rolle der Frau und den Schauspielerberuf äußert. All das ließ Catherine über sich ergehen. Als man sie fragte, ob sie Gleichmut besitze, antwortete sie: »Nein, aber eine robuste Gesundheit.«

Ihr Beruf hat sie gelehrt, ihre Schüchternheit etwas zu überwinden, er hat ihr Ehre und Erfolg gebracht. Sie hat mit den berühmtesten Partnern gefilmt: Belmondo, Claude Brasseur, Montand, Trintignant, Noiret, Delon, Rochefort und vielen anderen. Terence Hill und Gene Hackman haben sich darum gerissen einen schlechten

Film mit ihr machen zu dürfen, aber was bedeutet das schon? Seltsamerweise gehört Catherine Deneuve zu den wenigen Schauspielerinnen, denen man jede Partnerin zur Seite stellen kann. Sie spielte harmonisch mit Françoise Dorléac, Bernadette Laffont, Anouk Aimée und anderen.

Das kleine verträumte Mädchen hat eine Berühmtheit erlangt, die manchmal belastend sein kann, aber sie verstand es, das Beste daraus zu machen, sowohl in bezug auf die Rollen, die sie spielte, als auch in bezug auf den Schutz ihrer Privatsphäre.

Das Glück, so sagt sie, sei kein Zustand, sondern nur ein kurzer Augenblick.

Demy zeigte ihr den Weg, danach folgten andere, die sich bemühten, die verschiedenen Facetten ihres Wesens zu zeigen. Zwischen der ersten Ohrfeige, die sie in *La Vie de Château* von Pierre Brasseur erhielt und der, die sie in *Le Dernier Métro* Gérard Depardieu verpaßte, liegen fünfzehn Jahre. Fünfzehn Jahre, in denen sich die Journalisten vergeblich bemühten, ihre vielschichtige Persönlichkeit zu ergründen. Einige nichtssagende Photografien, die sie in ihren Rollen zeigen, geben von Catherine nur ein sehr ungenaues Porträt ab.

Catherine identifiziert sich nicht mit den Personen ihrer Rollen. »Die Heldinnen, denen ich mich nahe fühle, sind Tristana und Carole, das junge Mädchen aus *Répulsion*. Carole verkörperte den Wahnsinn eines Menschen, der es nicht ertragen kann, alleingelassen zu werden. Dagegen ist es mir unmöglich, mich mit Belle de Jour zu identifizieren. Die Rolle war amüsant zu spielen, aber es ist unmöglich, sich damit zu identifizieren. Bestimmt enttäusche ich jetzt viele Leute ...«

Die wirkliche Catherine muß also anderswo gesucht werden, wo es weniger vieldeutig zugeht als im Film.

Diese Frau, die beim Betrachten von Blumen sich immer fragt, wie viele Jahre ihr bleiben, sie zu bewundern, die zu ihren Verabredungen immer etwas zu spät kommt,

Mit Christian

die sagt: »Ich habe meine Identität nicht verloren« und damit beweisen möchte, daß sie die Schauspielerei nicht völlig verinnerlicht hat, die den Regen in der Bretagne und ihr Haus in der Normandie liebt, den Wind, die Natur und die Kinder, diese Frau erscheint mehr der Wirklichkeit zu entsprechen als die Kino-Catherine.

Und nun? Was hält dieses blonde, ungelöste Rätsel, diese Mischung aus Sanftheit und Traum auf der Schwelle zum reifen Alter für uns bereit? Bestimmt das Beste.

Erinnern wir uns zurück: an Geneviève, die durch den Regen eilt, an Carole, die Verstörte, Delphine, die blonde Demoiselle de Rochefort, an Séverine, die Träumerin, Marion, die Hure, die der Liebe in die Falle geht, an Tristana, die Körperbehinderte, Peau d'Ane, die Märchen-

129

prinzessin, Catherine, die Verzweifelte, Françoise mit den übernatürlichen Kräften, Linda, die Doppelpersönlichkeit, an Nelly, die Nervensäge, Eva, die Sängerin und an noch viele andere, bis zu Marion Steiner, der Starken und zugleich Schwachen, sie ist die Synthese aller ebengenannten Figuren. Catherine Deneuve ist die rosenbesäte Erfolgsleiter bis zum Sternenhimmel hinaufgeklettert. Auch wenn sie sich manchmal an den Dornen ihrer Rosen stach, wurden ihre Arbeit, ihr Talent und ihre Unerbittlichkeit von Erfolg gekrönt. Nicht alles fiel ihr in den Schoß. Manche glauben, Schönheit und Talent seien unvereinbar ... Es ist bestimmt leicht, zu sagen: »Schön ist sie nicht, aber sie hat Talent!« oder noch deutlicher: »Sie ist wohl schön, aber das ist auch alles ...«

Man nannte sie »Belle« oder »Miss Eisblock«, doch das sind Klischees. Denn Catherine wurde aktiv und sie hat überrascht. Ihre Kühnheit und Phantasie hoben sie über ihr Image einer zu idealen Frau hinaus. Wie viele bezaubernde junge Anfängerinnen verschwanden nach einigen Filmen wieder in der Versenkung? Ohne Talent gibt es keinen echten Erfolg und Catherine besitzt in reichem Maße Talent. Die Regisseure haben sich in ihr nicht getäuscht. Sie haben ihre vielseitigen Fähigkeiten, die nicht immer auf der Hand liegen, geahnt und nicht gezögert, sie in einen Dämon mit Engelsgesicht zu verwandeln. Dennoch bedarf es gewisser Kühnheit und eines bestimmten Talentes, um sich von der düsteren Tristana, die durch ein Holzbein gehandicapt ist, in die zarte Peau d'Ane, die Heldin von Charles Perrault, zu verwandeln.

Vergessen wir den Unsinn, Talent und Schönheit seien unvereinbar, vergessen wir die Neider, die sie anzugreifen versuchen. Bewahren wir von ihr das Image, das sie uns bietet, d. h. das einer Vollblutschauspielerin, die ausgeglichen und intelligent genug ist, sich selbst in Frage zu stellen. Um Schauspieler zu sein, muß man sich eine gewisse kindliche Unschuld bewahren. Catherine gesteht, daß sie

sich diese kindliche Eigenschaft bewahrt habe, die bewirkt, daß die Freude am Spiel immer wieder neu ist – vielleicht ist das das Geheimnis ihres Erfolges.

Vierzig Jahre, über fünfzig Filme und einige Preise, das ist ihr Steckbrief. Die unterschiedlichsten Frauenfiguren sind mit ihrem Namen verbunden: die Frau als Objekt, die weibliche Frau, die Kindfrau, die Mutter, die schwache Frau, die starke Frau, sie ist von allem etwas und noch ein bißchen mehr. Das Image der *Belle de Jour* verfolgt sie, da es die ganze Ambiguität ihrer nicht faßbaren Persönlichkeit widerspiegelt. Catherine ist sich ihres Image bewußt und tut nichts, es zu ändern. Auch wenn sie gesteht, daß sie nicht wie die Stars von einst an die Wand geheftet werden möchte, weiß sie, daß ihre ungewöhnliche Popularität auf ihre geheimnisvolle Ausstrahlung und ihre Unzugänglichkeit zurückzuführen ist. Verlangen wir also nicht zuviel von ihr, fordern wir nicht von ihr, ihre sämtlichen Geheimnisse preiszugeben, auch wenn wir danach brennen etwas mehr von der Persönlichkeit zu entdecken, die sich auf der anderen Seite des Spiegels versteckt.

Dadurch würde sich – wie im Märchen – der Zauber verflüchtigen.

Die Filme von Catherine Deneuve

LES PETITS CHATS
1959
Regie: Jacques R. Villa
Drehbuch: Jacques R. Villa
Kamera: Armand Thirard
Musik: Edgar Bischoff
Produktion: B. Andrieu – JAD Film
Besetzung: Pierre Dudan, Ginette Pigeon, Geneviève Galea, Sylviane Margolle, Renée Barell, Maïte Andres, Christine Georges, André Prade, Michèle Verez, Catherine Deneuve, Sylvie Dorléac.

... von Jacques Villa kennen wir nur und das mit gutem Grund *Les petits chats*. Dieser Film wurde aus Gründen der Zensur nur privat vorgeführt. Es ist ein fesselnder Film, dem jedoch von der Zensur ein konformistisches happy end aufgezwungen wurde. Auf alle Fälle, ohne ständig an Buñuel zu erinnern, eine vielversprechende Geschichte über kriminelle kleine Mädchen. Aber rufen wir nicht »viva Villa«, sondern warten wir auf seine nächsten Filme.

(Paul-Louis Thirard, Positif)

LES PORTES CLAQUENT (Die kleinen Sünderinnen)
1960
Regie: Jacques Poitreaud und Michel Fermaud
Drehbuch: nach dem Stück von Michel Fermaud
Adaptation: Jean Ferry, Jacques Poitreaud, Michel Fermaud, Francis Cosne
Dialoge: Michel Fermaud
Kamera: Roland Pontoizeau
Musik: Michel Legrand
Bauten: Robert Guisgaud
Schnitt: Jacques Desagneaux
Produktion: Francos Films
Laufzeit: 90 Minuten
Besetzung: Dany Saval (Pinky), Françoise Dorléac (Dominou), Maurice Sarfati (François), Michel Lonsdale (Georges), Jacque-

line Maillan (Alice Costet), Noël Roquevert (André Costet), Catherine Deneuve (Dany), Hélène Dieudonné (die Stiefmutter).

L'HOMME A FEMMES (An einem heißen Nachmittag)
1960
Regie: Jacques-Gérard Cornu
Drehbuch: Maurice Clavel, Alain Cavalier, Jacques-Gérard Cornu, nach einem Roman von Patrick Quentin »Shadow of Guilt«
Dialoge: Maurice Clavel
Kamera: Jean Tournier
Musik: Claude Bolling
Bauten: Rober Briancourt
Ton: Antoine Petitjean
Schnitt: André Feix
Produktion: Films du Cyclope
Laufzeit: 92 Minuten
Besetzung: Danielle Darrieux (Gabrielle und Françoise), Mel Ferrer (Georges), Claude Rich (Inspektor Vaillant), Catherine Deneuve (Catherine), Pierre Brice (Laurent), Alan Scott (Marc).

Kritik: Erst die zweite Hälfte dieses Films ist ein Kriminalfilm; der erste Teil dient in erster Linie dazu, verschiedene Liebesverwicklungen aufzurollen. Das Ganze spielt sich in der feinen Gesellschaft ab, unter liebenswürdigen, gebildeten Leuten, für die es keine Geldprobleme gibt. Danielle Darrieux in einer Doppelrolle und Mel Ferrer spielen ausgezeichnet. Die charmante Catherine Deneuve meistert ihre Rolle eines leichtsinnigen jungen Mädchens recht ordentlich.

(La cinématographie Française 1962)

CE SOIR OU JAMAIS
1960
Regie: Michel Deville
Drehbuch: Michel Deville und Nina Companeez
Kamera: Robert Foucard
Musik: Jean Dalve
Produktion: Elefilm und Ulysee Films
Verleih: F. Fernand Rivers
Laufzeit: 90 Minuten
Besetzung: Françoise Dorléac, Jacqueline Damo, Anna Karina, Claude Rich, Catherine Deneuve.

LES PARISIENNES (Pariserinnen)
1961
(Sketch: »Sophie«)
Regie: Marc Allégret
Drehbuch und Dialoge: Roger Vadim
Kamera: Armand Thirard
Musik: Georges Garaventz
Bauten: Jean André
Ton: Robert Briart
Schnitt: Léonide Azar
Produktion: Francis Cosne
Laufzeit: 20 Minuten (ungefähr)
Besetzung: Catherine Deneuve (Sophie), Johnny Hallyday (Jean), Gillian Hills (Théodora), Berthe Grandval (Suzanne), Elina Labourdette (Jacqueline Dubreuil), José-Luis de Villalonga (Louis), Gisêle Sandré (Andrée).
Andere Sketche: »Ella«. Regie: Jacques Poitreaud, mit Dany Saval. »Françoise«. Regie: Claude Barma, mit Françoise Arnoul. »Antonia«. Regie: Michel Boisrond, mit Dany Robin.

Zusammenfassung des Drehbuchs: Sophie, 17 Jahre alt, ist eine Pariser Studentin, die improvisierte Parties, Coca Cola, kleine Flirts und Träume mag … Einige Mädchen vom »Boul Mich« mögen sie, andere hassen sie. Da es Sophie leid ist, von ihren Kameradinnen als die Heilige Nitouche behandelt zu werden, erfindet sie eine leidenschaftliche Liebesgeschichte mit dem Geliebten ihrer Mutter. Ihre Komplizin Suzanne hilft ihr dabei. Die beiden spielen die liebestollen Nymphen, bis Sophie unter seltsamen Umständen Jean, einen jungen Rocksänger kennenlernt, mit dem sie ein kurzes, herrliches Abenteuer erlebt. Da dieses authentisch ist, verschweigt sie es und spielt das kleine dumme Gänschen.

ET SATAN CONDUIT LE BAL (Satan führt den Ball)
1962
Regie: Grisha M. Dabat
Drehbuch und Dialoge: G. M. Dabat und Roger Vadim
Kamera: Raoul Coutard
Musik: Cl. Vasori
Technische Beratung: Bernard Paul

Produktion: Marceau-Cocinor, Hoche, Films du Saphrène (Roger Vadim)
Laufzeit: 80 Minuten
Besetzung: Françoise Brion (Monica), Catherine Deneuve (Manuelle), Bernadette Laffont (Isabelle), Jacques Doniol-Valcroze (Eric), Henri-Jacques Huet (Jean-Claude), Jacques Perrin (Ivan), Jacques Monod (der Vater von Manuelle).

Kritik: Roger Vadim, der den Film produziert hat, verwendet hier einmal wieder seine Formel des gefühlsmäßigen Hin und Her der Paare, die sich ohne Liebe finden und wieder trennen, dabei aber immer von Liebe reden. Wie in *Et Dieu créa la femme* (Und immer lockt das Weib, 1956), läßt hier Vadim die Frau seines Herzens, Catherine Deneuve, bereits in der ersten Aufnahme in einer Szene mit Jacques Perrin, entkleiden. Das erinnert an die Szene in *Et Dieu créa la femme,* als Curd Jürgens die nackte Brigitte Bardot entdeckte. Sechs Jahre danach ist Roger Vadim immer noch der alte …

(Ciné-Revue, 21.6.1962)

LE VICE ET LA VERTU (Laster und Tugend)
1962
Regie: Roger Vadim
Drehbuch: Roger Vadim und Roger Vailland, nach Marquis de Sade
Adaptation: Roger Vadim und C. Choublier
Dialoge: Roger Vailland
Kamera: Marcel Grignon
Musik: Michel Magne
Bauten: Jean André
Schnitt: Victoria Marcanton
Produktion: Gaumont-Trianon (Paris), Ultra Films (Rom)
Laufzeit: 105 Minuten
Besetzung: Annie Girardot (Juliette), Robert Hossein (Colonel SS. Schorndorf), Catherine Deneuve (Justine), O.E. Hasse (der deutsche General), Jean-Pierre Honoré (Jean), Philippe Lemaire, Valéria Ciangottini, Luciana Paluzzi, Serge Marquand, Lean Van Martens, Georges Poujouly, Michel de Ré, Paul Guégauff, Henri Virlojeux, Howard Vernon, Jean-Daniel Simon, Pierre Gualdi.

VACANCES PORTUGAISES (Ferien in Portugal)
1963
Regie: Pierre Kast
Drehbuch, Adaptation und Dialoge: Alain Aptekman, Jacques Doniol Valcroze, Robert Scipion
Kamera: Raoul Coutard
Musik: Georges Delerue
Ton: Louis Hochet
Schnitt: Yannick Bellon
Produktion: Jad Film
Laufzeit: 97 Minuten
Besetzung: Françoise Arnoul (Mathilde), Michel Auclair (Michel), Jean-Pierre Aumont (Jean-Pierre), Jean-Marc Bory (Jean-Marc), Françoise Brion (Eléonore), Catherine Deneuve (Catherine), Jacques Doniol Volcroze (Jacques) Daniel Gélin (Daniel), Michèle Girardon (Geneviève), Barbara Laage (Barbara), Françoise Prévost (Françoise), Pierre Vaneck (Pierre), Bernard Wicki (Bernard).

LES PLUS BELLES ESCROQUERIES DU MONDE
(Die Frauen sind an allem schuld)
1963
(Sketch: »L'homme qui vendit la Tour Eiffel«)
Regie: Claude Chabrol
Drehbuch und Dialoge: Paul Gégauff
Kamera: Jean Rabier
Musik: Pierre Jansen
Ton: J. C. Marchetti
Schnitt: J. Gaillard
Produktion: Ulysse (Pierre Roustang) Paris
Laufzeit: 18 Minuten
Besetzung: Jean-Pierre Cassel (der Gauner), Francis Blanche (der Käufer), Catherine Deneuve (die Komplizin) und Jean-Louis Maury, Sache Briquet, Philomène Toulouse.
Andere Sketche: Japan: »Les cinq bienfaiteurs de Fumdo« von Hiromichi Horikawa
Holland: »La rivière de Diamants« von Roman Polanski
Italien: La feuille de route/Le piu belle truffe del mondo von Ugo Gregoretti

LES PARAPLUIES DE CHERBOURG
(Die Regenschirme von Cherbourg)
1963
Regie: Jacques Demy
Drehbuch und Dialoge: Jacques Demy
Kamera: Jean Rabier
Musik: Michel Legrand
Bauten: Bernard Evein
Kostüme: Jacqueline Moreau
Schnitt: Anne-Marie Cotret
Produktion: Mag Bodard für Parc-Film – Madeleine Films (Paris) – Beta Film (Munich)
Laufzeit: 90 Minuten
(Prix Louis-Delluc) (Prix d'Or, Cannes)
Besetzung: Catherine Deneuve (Geneviève Emery), Anne Vernon (Madame Emery), Nino Castelnuovo (Guy), Ellen Farner (Madeleine), Mireille Perrey (Elise), Marc Michel (Roland Cassard), Harald Wolf (Dubourg), Jean Champion (Aubin), Philippe Dumat, Dorothée Blank, Gisèle Grandpré.

Kritik: Eines der größten Wunder dieses Films ist Catherine Deneuve, die vor einer beginnenden Zerstörung bewahrt wird. Sie ist voll zarter Schönheit, offener Scham, verhaltener Spontaneität, ein unvergeßliches verliebtes junges Mädchen, das glücklich, verwundert, verletzt ist und von Zweifel, Schwäche und Vergessen geplagt wird ...

(René Gilson, Cinéma 64)

LA CHASSE A L'HOMME/Caccia al maschio
(Jagd auf Männer)
1964
Regie: Edouard Molinaro
Drehbuch: France Roche
Adaptation: Albert Simonin und Michel Duran
Dialoge: Michel Audiard
Kamera: Andréas Winding
Musik: Michel Magne
Bauten: François de Lamothe
Schnitt: Robert Isnardon
Produktion: Filmsonor – Prociné – Mondex (Paris) – Euro-International (Rom)

140

Laufzeit: 100 Minuten
Besetzung: Jean-Paul Belmondo (Fernand), Jean-Claude Brialy (Antoine), Françoise Dorléac (Sandra), Marie Lafôrèt (Gisèle), Catherine Deneuve (Denise), Francis Blanche (Papatakès), Bernard Blier (Monsieur Heurtin), Mireille Darc (Georgina), Micheline Presle (Isabelle), Claude Rich (Julien), Marie Dubois (Sophie), Hélène Duc (Madame Armande), Bernadette Laffont (Flora), Noël Roquevert (Großvater von Fernand).

UN MONSIEUR DE COMPAGNIE
(Ich war eine männliche Sexbombe)
1964
Regie: Philippe de Broca
Drehbuch: Henri Lanve und Philippe de Broca, nach dem Roman von André Couteau
Kamera: Raoul Coutard
Musik: Georges Delerue
Bauten: Pierre Duquesne
Schnitt: Françoise Javet
Produktion: P.E.C.F. Film du Siècle (Paris), – Ultra Films (Rom)
Laufzeit: 94 Minuten
Besetzung: Jean-Pierre Cassel (Antoine), Jean-Claude Brialy (der Prinz), André Luguet (Antoines Großvater), Marcel Dalio (Krieg Von Spiel), Sandra Milo (Maria), Annie Girardot (Carla), Adolfo Celi (Benvenuto), Irina Demick (Nicole), Jacques Dynam (Isabelles Vater), Rosy Varte (Isabelles Mutter).

Kritik: … De Broca dreht die Situationen so wie er's möchte, ohne zu befürchten, er könne gegen die Logik verstoßen. Er teilt nach links und nach rechts aus, versetzt Reichen und Armen Seitenhiebe und geht nachdem er seine Pirouetten vollführt und märchenhafte Aufnahmen von Catherine Deneuve geboten hat, in die Ausgangsstellung zurück, als ob nichts passiert wäre.

(Bernard Cohn, Positif)

AVEC AMOUR ET AVEC RAGE/La Constanza delle Ragione
1964
Regie: Pasquale Festa Campanile

Drehbuch: P. Festa Campanile und Fabio Carpi, nach dem Roman von Vasco Pratolini
Kamera: Ennio Guarnieri
Besetzung: Catherine Deneuve, Samy Frey, Enrico Maria Salerno, Norma Benguell.

REPULSION (Ekel)
1965
Regie: Roman Polanski
Drehbuch: Roman Polanski und Gérard Brach
Kamera: Gilbert Taylor
Musik: Chico Hamilton
Bauten: Scannus Flannery
Ton: Leslie Hammont
Laufzeit: 105 Minuten
(Silberner Bär, Berlin)
(Grand Prix FIPRESCI)
Besetzung: Catherine Deneuve (Carol), John Fraser (Colin), Patrick Wymark (der Besitzer), Yvonne Furneaux (Helen), Ian Hendry (Michael) Valerie Taylor (Madame Denise), Helen Fraser (Bridget), Monica Merlin (Mrs. Renlesham), Renée Houston (Mrs. Balch), James Villius (John), Hugh Futcher (Reggie), Mike Pratt (der Straßenwärter), Imogen Graham (eine Maniküre).

Kritik: Ein filmisches Meisterwerk des Grauens und der phantastischen Psychologie. Roman Polanski steuert auf eine glänzende Karriere zu, die auf einer eisigen Grausamkeit basiert. Die zerbrechliche Catherine Deneuve verwandelt er in eine blutige schizophrene Mörderin. Die klinische Darstellung ihres fortschreitenden Wahnsinns wird durch großartige Aufnahmen untermalt, die das Grauen immer mehr vertiefen, bis der Höhepunkt erreicht ist, ein Höhepunkt voll erschreckender Brutalität. Doch das Ganze ist von einer Klarheit beherrscht, die auf jegliche Effekthascherei verzichtet. Polanski versteht es meisterhaft, vom Realismus ins Phantastische überzugleiten.

(Cinéma 66)

... Die Führung der Schauspieler, vielmehr Schauspielerinnen, vollzieht sich derart, daß jede Geste, Stellung, Bewegung Catherine Deneuves auf ihr Allgemeinbefinden verweisen. Die Art, wie sie sich die Nase reibt, die Beine übereinanderschlägt, auf dem

143

Trottoir geht, ohne auf ihre Umgebung zu achten, sich auf eine Bank setzt oder eine Brücke überquert, ohne die Möwen zu sehen, die sie umkreisen, beweist, daß hier der Regisseur und der Psychiater eine Person darstellen. Im übrigen ist es anomal, daß Catherine bei den Personen, mit denen sie in Berührung kommt, nur auf Unverständnis stößt. Bei diesen Personen handelte es sich um ihre Schwester und deren Liebhaber, die Freundin vom Schönheitssalon, den jungen Mann, der sie begehrt und den sie in einem Augenblick der Angst als ersten tötet. Alle diese Menschen ahnen nicht, was sich hinter der Zerbrechlichkeit dieses Mädchens mit dem verhangenen Blick und dem sexuellen Ekel verbirgt ...

(Bernard Cohn, Positif)

LE CHANT DU MONDE (Und die Wälder werden schweigen) 1965
Regie: Marcel Camus
Drehbuch: Marcel Camus, nach einem Roman von Jean Giono
Kamera: Michel Lemoigne
Musik: André Hossein
Produktion: Orphée Prod.
Laufzeit: 95 Minuten
Besetzung: Hardy Krüger (Antonio), Charles Vanel (der Matrose), Marilu Tolo (Gina), André Lawrence (Le Bresson), Ginette Leclerc, Catherine Deneuve (Clara).

Kritik: Dieser Film ist ein Loblied auf das irdische Glück, das erobert werden muß. Oft ist der Kampf hart und schwer. Hier hat der Regisseur Marcel Camus den Kampf gegen die Leidenschaften seiner Figuren, gegen die wilde Natur der Haute-Provence geführt ... Sein Talent beruht vor allem auf dieser klaren Sicht des Wirklichen, seiner Fähigkeit, die Welt, die er vor seiner Kamera geschaffen hat, mit Leben zu erfüllen. Der kurze, aber wirkungsvolle Auftritt Catherine Deneuves bezeugt echten Realismus, die Beziehung zwischen Antonio und dem Matrosen ist so echt und menschlich, daß man erkennt, daß das Leitmotiv dieses Films die Liebe ist. Die Liebe zur Erde, zur Natur und zum Menschen. Die Aufnahmen sind ungewöhnlich schön und die Musik melodiös.

(Analyse Générale des Films, 1966)

LA VIE DE CHATEAU
1965
Regie: Jean-Paul Rappeneau
Drehbuch: Jean-Paul Rappeneau
Adaptation: Alain Cavalier und Claude Sautet
Dialoge: Danier Boulanger
Kamera: Pierre Lhomme
Musik: Michel Legrand
Ton: Jacques Maumont
Bauten: Jacques Saulnier
Schnitt: Pierre Gillette
Produktion: Ancinex, Cobela films, La Guéville
Laufzeit: 92 Minuten
(Prix Louis-Delluc, 1966)
Besetzung: Catherine Deneuve (Maria), Pierre Brasseur (Dimanche), Philippe Noiret (Jérôme), Mary Marquet (Charlotte), Henri Garcin (Julien), Carlos Thompson (Klopstock), Marc Dudicourt (Schimmelbeck), Robert Moor (Plantier), Donald O'Brien (der amerikanische Offizier), Paul Le Person (Roger), Alexis Micha (der Straßenjunge), Jean-Pierre Moulin (der Leutnant), Marie Marc (die alte Dienerin), Pierre Rousseau (der Kellner), Annie Guégan (die Kellnerin im Gasthof).

Kritik: Das Ganze ist köstlich, voller glänzender Einfälle und Einzelheiten. Der Regisseur Jean-Paul Rappeneau besitzt einen sicheren Instinkt für die nuancenreiche Komik. Mit Recht hat er für seinen ersten Film den Prix Delluc bekommen. Catherine Deneuve spielt hervorragend. Jeder ihrer Filme bedeutet eine weitere Stufe auf der Leiter zur internationalen Karriere.

(Robert Chazal, France-Soir, 27.1.1966)

DAS LIEBESKARUSSELL
1965
(Sketch: »La somnambule«)
Regie: Rolf Thiele (La somnambule), und für die anderen Sketche: Axel von Ambesser, Alfred Weidenmann
Kamera: Wolfgang Wirth
Musik: Erwin Halletz
Besetzung: Catherine Deneuve (Angela), Gert Fröbe (Emil), Nadja Tiller (Sybill), Curd Jürgens (Stefan), Heinz Rühmann

(Professor Helberg), Johanna von Koczian (Dorothea), Anita Ekberg (Lolita), Peter Alexander (Peter).

In Wien begibt sich Sybille von Kramer mit ihrem Verehrer Rudolph in die Oper, um eine Vorstellung zu besuchen, die ihr Mann Stefan, ein angesehener Orchesterchef, dirigiert. In der Pause besucht sie ihn. Da das Ehepaar zu lange getrennt war, gestaltet sich seine Unterhaltung recht intim, was Rudolph, der sich inzwischen zu ihnen gesellt hat, aufbringt. Er bemerkt, daß das Bett durch ein entzückendes Geschöpf besetzt ist. In St. Gallen scheint die allzu junge Frau des alten Claessen unter Somnambulismus zu leiden, denn unter den Augen ihres Mannes besucht sie jede Nacht ihren zärtlich geliebten Liebhaber. In Heidelberg treffen sich alte Jahrgangskameraden in der Villa des schlechtesten, aber reichsten Schülers, um Professor Hellberg, der in ihren Augen zu tugendhaft ist, einen Streich zu spielen. Sie bringen ihn mit einer charmanten Journalistin in eine peinliche Situation. In Paris entdecken Lolita und Pierre, die Wohnungsnachbarn sind, daß sie füreinander geschaffen sind. *(Ciné-Revue, September 1966)*

LES CREATURES (Die Geschöpfe)
1966
Regie: Agnès Varda
Drehbuch: Agnès Varda
Kamera: Willy Kurant
Musik: Pierre Barbaud
Bauten: Claude Pignot
Produktion: Parc Film, Madeleine Films
Laufzeit: 90 Minuten
Besetzung: Michel Piccoli (Edgar), Catherine Deneuve (Mylène), Eva Dahlbeck (Michèle), Britta Petterson (Lucie), Jacques Charrier (René), Nino Castelnuovo (Elektriker), Bernard Lajarrige (der Arzt), Ursula Kubler (die Vellini), Marie-France Mignal, Pierre Demy, Louis Falavigna, Jeanne Allard, Lucien Bodard.

BELLE DE JOUR
(Belle de Jour – Schöne des Tages)
1966
Regie: Luis Buñuel

Drehbuch: Luis Buñuel und Jean-Claude Carrière, nach dem Roman von Joseph Kessel
Kamera: Sacha Vierny
Bauten: Robert Clavel
Ton: René Longuet
Kostüme: Maurice Barnathan
Schnitt: Louisette Hautecoeur
Produktion: Paris Film Prod., Five Films (Rom)
Laufzeit: 102 Minuten
(»Prix spécial du jury« der Filmfestspiele in Cannes)
(Goldener Löwe, Venedig)

Kritik: ... Der große wunderbare Buñuel ist der einzige, der uns diese Belle de Jour glaubhaft machen konnte, er allein und die seltsame Catherine Deneuve. Dank der tatkräftigen Hilfe Jean-Claude Carrières beging er nicht den Fehler, die Zeit von 1920 darstellen zu wollen, was als ausgezeichnetes Alibi hätte dienen können, die zersetzenden Elemente der Geschichte unter den Teppich zu kehren.
Genauso tat er gut daran, die Figur der Séverine »anzufüllen«, Einblicke in ihre Vergangenheit zu gewähren, was im Roman nicht gegeben ist. Buñuel läßt seine Protagonistin einfach spielen, macht sie menschlich, wenn auch nicht wirklich, denn ganz können wir sie nicht verstehen ...

(Guy Allombert, La Saison cinématographique)

LES DEMOISELLES DE ROCHEFORT
(Das Mädchen von Rochefort)
1966
Regie: Jacques Demy
Drehbuch: Jacques Demy
Kamera: Ghislain Cloquet
Musik: Michel Legrand
Bauten: Bernard Evein
Choreographie: Norman Maen
Schnitt: Jean Hammon
Produktion: Parc Film – Madeleine Films
Laufzeit: 120 Minuten
Besetzung: Catherine Deneuve (Delphine Garnier), Françoise Dorléac (Solange Garnier), Danielle Darrieux (Madame Yvonne), George Chakiris (Etienne), Gene Kelly (Andy Miller),

Michel Piccoli (Simon Dame), Jacques Perrin (Maxence), Grover Dale (Bill), Henri Crémieux (Dutrouz), Jacques Riberolle (Guillaume), Geneviève Thénier (Josette), Pamela Hart (Esther), Leslie North (Judith), Patrick Jeantet (Boubou).

BENJAMIN OU LES MÉMOIRES D'UN PUCEAU
(Benjamin – Aus dem Tagebuch einer männlichen Jungfrau)
1967
Regie: Michel Deville
Drehbuch: Michel Deville und Nina Companeez
Adaptation und Dialoge: Nina Companeez
Kamera: Ghislain Cloquet
Bauten: Claude Pignot
Schnitt: Nina Companeez
Produktion: Parc Films – Mag Bodard – Marianne Prod.
Laufzeit: 100 Minuten
(Prix Louis Delluc)
Besetzung: Michèle Morgan (die Comtesse), Michel Piccoli (Philippe), Pierre Clémenti (Benjamin), Catherine Deneuve (Anne), Francine Bergé (Marion), Anna Gaël (Célestine), Catherine Rouvel (Victorine), Odile Versois (die Beraterin), Jacques Dufilho (Camille)

MANON 70 (Hemmungslose Manon)
1967
Regie: Jean Aurel
Drehbuch, Adaptation und Dialoge: Cecil Saint-Laurent und Jean Aurel, nach dem Roman des Abbé Prévost
Kamera: Edouard Richard
Bauten: Claude Pignot
Musik: Vivaldi und Serge Gainsbourg
Ton: Jean Baronnet
Schnitt: Anne-Marie Cotret
Produktion: Films Corona (Paris), Rowy Films (München), Panda Film (Rom)
Laufzeit: 110 Minuten
Uraufführung, Paris: 21. Februar 1968
Besetzung: Catherine Deneuve (Manon), Samy Frey (François Des Grieux), Jean-Claude Brialy (Jean-Paul), Elsa Martinelli (Annie), Robert Webber (Ravaggi), Paul Hubschmid (Simon), Claude Genia (Simons Frau)

LA CHAMADE (Herzklopfen)
1968
Regie: Alain Cavalier
Drehbuch, Adaptation und Dialoge: Françoise Sagan und Alain Cavalier
Kamera: Pierre Lhomme
Musik: Maurice Leroux
Bauten: Jacques Dugied
Ton: Jacques Maumont
Schnitt: Pierre Gillette
Produktion: Films Ariane (Paris), P.E.A. (Rom)
Laufzeit: 105 Minuten
Besetzung: Catherine Deneuve (Lucile), Michel Piccoli (Charles), Roger Van Hool (Antoine), Irène Tunc (Diane), Jacques Sereys (Johnny), Amidou (Etienne), Philippe Pascal (Claire), Monique Lejeune.

MAYERLING (Mayerling)
1968
Regie: Terence Young
Drehbuch, Adaptation und Dialoge: Terence Young
Kamera: Henri Alekan
Musik: Francis Lai
Bauten: George Wakhewitch
Kostüme: Marcel Escoffier
Schnitt: Monique Bonnot
Produktion: Corona (Paris), Winchester (London)
Laufzeit: 140 Minuten
Besetzung: Ava Gardner (Kaiserin Elisabeth), Catherine Deneuve (Marie Vetsera), Omar Sharif (Rudolph), James Mason (Franz-Joseph), Geneviève Page (Komteß Larisch), James Robertson Justice (Eduard, Prinz von Wales), Yvan Desny (Graf Joseph Hoyos), Andrea Parisy (Prinzessin Stephanie), Fabienne Dali (Mizzi Kaspar), Maurice Teynac (Moritz Szeps), Moustache (Bratfisch), Bernard Lajarrige (Loscheck).

THE APRIL FOOLS
(Ein Frosch in Manhattan/Darling, laß dich scheiden)
1969
Regie: Stuart Rosenberg

Drehbuch: Hal Dresner
Kamera: Michel Hugo
Musik: Marvin Hamlish
Produktion: Jalem
Laufzeit: 94 Minuten
Besetzung: Catherine Deneuve (Catherine), Jack Lemmon (Howard Brubaker), Peter Lawford (Ted Gunther), Myrna Loy (Grace Greenlaw), Charles Boyer (Mr. Greenlaw), Jack Weston.

LA SIRENE DU MISSISSIPI
(Das Geheimnis der falschen Braut)
1969
Regie: François Truffaut
Drehbuch, Adaptation und Dialoge: François Truffaut, nach dem Roman von William Irish
Kamera: Denys Clerval
Musik: Antoine Duhamel
Bauten: Claude Pignot
Ton: René Levert
Schnitt: Agnès Guillemot
Produktion: Films du Carosse-Artistes Associés
Laufzeit: 100 Minuten
Besetzung: Jean-Paul Belmondo (Louis Mahé), Catherine Deneuve (Julie Roussel), Michel Bouquet (Monsieur Comolli), Nelly Borgeaud (Berthe Roussel), Marcel Berbert (Jardine), Martine Ferrière (Madame Travers), Yves Drouet (Bankdirektor)

… Das war eine ganz neue Rolle für mich: eine Abenteuerin mit Zügen, die mir ganz fremd waren. Sie bewegt sich in einer so seltsamen Atmosphäre, daß es unmöglich ist, den Film einer bestimmten Gattung zuzuordnen. Es ist eine sehr pathetische, leidenschaftliche Liebesgeschichte voller Romantik – was ganz der Persönlichkeit Truffauts entspricht, einer Romantik mit Elementen des Abenteuers und kriminalistischer Verwicklungen. Die Dreharbeiten zu diesem Film waren wunderbar, einfach, angenehm, problemlos, in einer gelösten Atmosphäre … Das ist mit dem Glück vergleichbar, über das man auch nicht reden kann, man muß es erleben, um es zu verstehen …

Catherine Deneuve
(Interview mit Guy Braucourt – Cinéma 69)

TOUT PEUT ARRIVER
1969
Regie: Philippe Labro
Drehbuch: Philippe Labro
Kamera: Willy Kurant
Produktion: Parc Film, Marianne Productions, Madeleine Films
Laufzeit: 85 Minuten
Besetzung: Jean-Claude Bouillon, Prudence Harrington, Fabrice
Lucchini
Catherine Deneuve wird in einer Mini-Rolle von einer Journalistin interviewt.

TRISTANA (Tristana)
1970
Regie: Luis Buñuel
Adaptation und Dialoge: Luis Buñuel und Julio Alejandro, nach
dem Roman von Benito Perez Galdos
Kamera: José F. Aguayo
Bauten: Enrique Alarcon
Ton: Luis Arquello
Schnitt: Pedro del Rey
Produktion: Epoca Film (Madrid), Selenia (Rom), Les Films
Corona (Paris)
Laufzeit: 100 Minuten
Besetzung: Catherine Deneuve (Tristana), Fernando Rey (Don
Lope), Franco Nero (Horacio), Lola Gaos (Saturna), Jesus Fernandez (Saturno), Antonio Casas (Don Cosme), Sergio Mendizabal (der Professor), Julio Gorostegui (Don Zenon), Alfredo Santa Cruz (Don Antonio), José Bianchi (Don Praxeder), José Calvo, Mary Paz Pandal, Candida Losada, Vicente Soler, Fernando
Cebrian, Juango Menendez.

Kritik: In diesem Film über Tristanas viele Prüfungen wächst ihr
Selbstbewußtsein mit ihrer zunehmenden Schönheit. Je mehr sie
ihrem feindlichen Schicksal ausgesetzt ist, desto arroganter, aber
auch strahlender wird sie. Den Höhepunkt dieses Paradoxons bildet die Szene, als Tristana ihren verkrüppelten Körper Saturno,
dem jungen Bruder der Gouvernante, der sich immer in Toiletten
einschließt (ein Buñuel-Typ comme il faut!), darbietet. Es gibt
wohl kaum eine bessere Version von Romeo und Julia! Aus dem

anfänglich etwas einfältigen kleinen Mädchen wird unmerklich eine elegante Frau voller Selbstsicherheit, die sich ihrer sexuellen Ausstrahlung bewußt ist …

(Max Tessier, Cinéma 70)

PEAU D'ANE

1970
Regie: Jacques Demy
Drehbuch: nach der Erzählung von Charles Perrault
Kamera: Ghislain Cloquet
Musik: Michel Legrand
Bauten: Jin Leon, Jacques Dugied
Trickaufnahmen: Jean-Paul Savignac
Kostüme: Pace, Gitt Magrini
Schnitt: Anne-Marie Cottret
Produktion: Parc Film, Marianne Prod.
Laufzeit: 100 Minuten
Besetzung: Catherine Deneuve (Peau d'Ane), Jacques Perrin (der Prinz), Jean Marais (der König), Fernand Ledoux (der zweite König), Micheline Presle (die Königin), Delphine Seyrig (die Fee), Pierre Repp (Thibaud), Sacha Pitoeff (Premierminister), Henri Crémieux (der Oberarzt), Sylvain Corthay (Godefroy), Patrick Préjean (Allard), Louise Chevalier (die alte Bäuerin), Michel Delahaye (zweiter Minister), Domergue René (dritter Minister).
Catherine Deneuve stellt auch die Königin dar.

CA N'ARRIVE QU'AUX AUTRES

(Das passiert immer nur den anderen)
1971
Regie: Nadine Trintignant
Drehbuch und Adaptation: Nadine Trintignant
Kamera: Bernard Prim
Musik: Michel Polnareff
Bauten: Gitt Magrini
Ton: Harald Maury
Produktion: Films 13 (Claude Pinoteau) Marianne Prod. – Mars Films
Laufzeit: 90 Minuten
Besetzung: Catherine Deneuve (Catherine), Marcello Mastroianni (Marcello), Dominique Labourier (Marguerite), Danièle Le-

brun (Sophie), Catherine Allégret (eine junge Frau), Serge Marquand (der Bruder).

Nadine Trintignant: ... Ich hatte die Möglichkeit, mit außerordentlichen Leuten zusammenzuarbeiten. Catherine Deneuve ist »unverwüstlich«. Ohne ihr Feingefühl, ihre Kraft, ihre kluge Schamhaftigkeit wäre der Film unmöglich gewesen oder zumindest schmerzlich. Wenn man mit Catherine arbeitet, wird alles vereinfacht. Man verspürt Lust, sofort wieder anzufangen
Wir haben eine interessante neue berufliche Erfahrung gemacht. Um die Szene in der Wohnung zu drehen, haben wir uns zu siebt vier Tage lang eingeschlossen: die beiden Schauspieler, der Toningenieur und sein Assistent, der Kameramann, mein Assistent und ich. Ich wollte erreichen, daß Catherine und Marcello am Ende auch physisch so aussähen, als ob sie über den Dingen stünden, über sich selbst ...

(Interview mit Mireille Amiel – Cinéma 72)

...Eine kaum verfremdete Erzählung: die Großaufnahmen und gewisse Rückblenden zeigen ihre eigene Tochter. Die Rolle von Catherines Bruder wird von Serge Marquand, dem Bruder Nadines gespielt und um die Fiktion ganz aufzuheben, haben die beiden Hauptpersonen den Vornamen ihrer Darsteller. Marcello Mastroianni bleibt er selbt. Noch mehr gilt dies für Catherine Deneuve mit ihrem erschütternden Gesicht des gehetzten Tieres. Sie zeigt, wie man dem Unabänderlichen in die Falle gehen kann ...

(Frantz Gevaudan, Cinéma 72)

LIZA/Melampo (Allein mit Giorgio)
1971
Regie: Marco Ferreri
Drehbuch: Jean-Claude Carrière und Marco Ferreri, nach dem Roman »Melampus« von Ennio Flaiano
Kamera: Marco Vulpiani
Musik: Philippe Sarde
Ton: Guy Chichignoud
Schnitt: Giuliana Trippa
Bauten: Théo Meurisse
Produktion: Lira Films (Paris), Pegaso Films (Rom)
Laufzeit: 100 Minuten
Besetzung: Marcello Mastroianni (Giorgio), Catherine Deneuve

(Liza), Michel Piccoli (Giorgios Freund), Corinne Marchand (Giorgios Frau), Valène Stroh (Giorgios Tochter), Pascal Laperrousaz (Giorgios Sohn), Dominique Marcas (die Hausgehilfin)

Kritik: ... Catherine Deneuves Kleidung, ihr duftiger Hut und das weiße Kostüm der unzugänglichen und trotzdem kleinlichen Frau scheint den Film in eine Richtung zu lenken, die der Regisseur sofort ändert. Die komödienhaften Anklänge verschwimmen zugunsten einer verrückten Liebesgeschichte, bei der Mann und Frau nach und nach ihre Besitzansprüche erheben. Die Deneuve geht sogar soweit, Mastroiannis Hund beiseite zu schaffen, um seinen Platz einzunehmen. Sobald der Hund vergraben ist, nimmt sie sein Halsband und legt es sich um, sie wird zum Objekt, erhält Befehle, die sie ausführt. Es entwickelt sich eine Beziehung, die nicht mehr als normal zu bezeichnen ist ...

(Michel Grisolia, Cinéma 72)

UN FLIC (Der Chef)
1972
Regie: Jean-Pierre Melville
Drehbuch: Jean-Pierre Melville
Kamera: Walter Wottitz
Musik: Michel Colombier
Bauten: Théo Meurisse
Produktion: Robert Dorfmann
Laufzeit: 105 Minuten
Besetzung: Alain Delon (Edouard), Richard Crenna (Simon), Catherine Deneuve (Cathy), Riccardo Cucciolla (Paul Weber), Simonne Valère (Pauls Frau), Jean Desailly (der distinguierte Herr), Paul Crauchet (Morand), André Pousse (Marc Albovis)

L'EVENEMENT LE PLUS IMPORTANT DEPUIS QUE L'HOMME A MARCHE SUR LA LUNE
1972
Regie: Jacques Demy
Drehbuch: Jacques Demy
Kamera: Andreas Winding
Musik: Michel Legrand
Bauten: Bernard Evein
Ton: Louis Hochet
Schnitt: Anne-Marie Cottret

157

Produktion: Lira Films, Roas Produzoni
Laufzeit: 100 Minuten
Besetzung: Catherine Deneuve (Irène), Marcello Mastroianni (Marco), Micheline Presle (Frau Doktor Delavigne), Marisa Pavan (Maria), Raymond Gérome (Prof. Chaumont), Alice Sapritch (Ramara), André Falcon (Scipion Lemeu), Monique Mélinand (Madame Solanel), Maurice Biraud (Lemarie)

TOUCHE PAS A LA FEMME BLANCHE
1973
Regie: Marco Ferreri
Drehbuch: Marco Ferreri, Rafael Azoona
Kamera: Etienne Becker
Musik: Philippe Sarde
Schnitt: Ruggero Mastroianni
Spezialeffekte: André-Paul Trielly
Ton: Henri-Antoine Roux
Produktion: Mara-Films, Films 66, Laser Prod. (Paris), P.E.A. (Rom)
Laufzeit: 108 Minuten
Besetzung: Marcello Mastroianni (Custer), Catherine Deneuve (Marie-Hélène de Boismonfrais), Michel Piccoli (Buffalo Bill), Philippe Noiret (General Terry), Ugo Tognazzi (Mitch), Alain Cuny (Sitting Bull), Serge Reggiani (der verrückte Indianer), Darry Cowl (der Tierarzt), Monique Chaumette (die Krankenschwester).

LA GRANDE BOURGEOISE/Fatti di gente perbene
(Die Affäre Murri)
1974
Regie: Mauro Bolognini
Drehbuch: Sergio Bazzini
Historische Recherchen: Gian Franco Zurlini
Musik: Ennio Morricone
Kamera: Ennio Guarnieri
Bauten: Guido Josia
Kostüme: Gabriella Pescucci
Schnitt: Nino Baragli
Produktion: Ralph Baum für Lira Films, Filmarpe (Rom)
Laufzeit: 120 Minuten

Besetzung: Catherine Deneuve (Linda Murri), Tina Aumont (Rosa Bonetti), Laura Betti (Tisa Borghi), Giancarlo Giannini (Tullio Murri), Marcel Bozuffi (Stanzani), Fernando Rey (Augusto Murri), Paolo Bonacelli (Bonmartini), Corrado Pani (Pio Naldi), Ettore Manni (Carlo Scchi).

LA FEMME AUX BOTTES ROUGES (Die Frau mit den roten Stiefeln)
1974
Regie: Juan-Luis Buñuel
Drehbuch: Juan-Luis Buñuel
Adaptation: Pierre-Jean Maintigneux, Jean-Claude Carrière, Clem Wood und Juan-Luis Buñuel
Kamera: Leopoldo Villasenor
Dialoge: Jean-Claude Carrière
Ton:Jean-Louis Ducarme
Produktion: Claude Jaeger für Procinex – O.R.T.F. (Paris), P.C. Logar (Madrid) und Gerico Sound (Rom)
Laufzeit: 95 Minuten
Besetzung: Catherine Deneuve (Françoise), Fernando Rey (Peron), Jacques Weber (Richard), Adalberto Maria Merli (Marc), Joe Sacristan (Kleber), Emma Cohen (Sophie), Laura Betti (Leonor)

ZIG-ZIG
1974
Regie: Laszlo Szabo
Drehbuch und Dialoge: Laszlo Szabo
Kamera: Jean-Pierre Baux
Musik: Karl-Heinz Schäfer
Schnitt: Jacques Witta
Produktion: Claude Berri für die Films de la Citrouille (Paris), Renn Prod. und R.A.L. (Rom)
Laufzeit: 90 Minuten
Besetzung: Catherine Deneuve (Marie), Bernadette Laffont (Pauline), Hubert Deschamps (Monsieur Jean), Walter Chiari (der Clochard), Stéphane Shandor (Inspektor Bruyère), Jean-Pierre Kalfan (der Gitarrenspieler), Georgette Anys (die Sängerin), Tino Carraro (der Minister), Yves Alfonso (der Bistrot-Besitzer), Jean-Pierre Maud (Edelweiß), Paola Senatore (Madame Bruyère)

Kritik: Leider ist es eindeutig, daß dieser Film ein Mißerfolg ist. Die Übertreibung bewirkt Gleichgültigkeit, ja Langeweile angesichts dieser dick aufgetragenen Provokationen, die von Bernadette Laffont und Catherine Deneuve vorgebracht werden. Dabei verliert Bernadette, weil sie nicht mit Catherines Schönheit und Natürlichkeit konkurrieren kann. Mit brachialer Gewalt entstellt Szabo seinen Film – schade, denn die Personen verwundern, auch wenn sie aus dem Rahmen fallen ... Man kann nicht sagen, daß er ein schlechter Regisseur sei und trotz der Vorbehalte kann man ihm nicht eine gewisse Begabung fürs Ungewöhnliche, für die Insolenz und den Spott absprechen.

(O.C.F.C.)

... Der von der Posse beherrschte poetische Realismus. Das hätte im derzeitigen Nostalgie-Film einen originellen Film ergeben können. Leider schwankt Szabo ständig zwischen der realistischen Komödie, der karikaturenhaften Burleske, der Krimipastiche und dem psychologischen Melodram.
Es fehlt dem Film nicht an Ideen, doch an der Beherrschung der Regie ...

(Raymond Lefèvre, Cinéma 75)

L'AGRESSION (Die Entfesselten)
1974
Regie: Gérard Pirès
Drehbuch: Jean-Patrick Manchette und Gérard Pirès, nach dem Roman von John Buell »The Shrewsdal exit«
Kamera: Silvano Ippoliti
Musik: Robert Charlebois
Ton: René Longuet
Schnitt: Jacques Witta
Produktion: Alain Poiré für S.N.E. Gaumont, Les Films du Jeudi, Les Films de la Seine, Primex Italia
Laufzeit: 100 Minuten
Besetzung: Jean-Louis Trintignant (Paul Vartin), Catherine Deneuve (Sarah), Claude Brasseur (André Ducatel), Philippe Brigaud (Escudero), Michelle Grellier (Hélène), Milena Vukotic (Untersuchungsrichter), Franco Fabrizzi (Sauguet), Jacques Rispal (Dumouriez), Robert Charlebois (Justin), Delphine Boffy (Patty), Leonora Fani (Josi).

HUSTLE (Straßen der Nacht)
1975
Regie: Robert Aldrich
Drehbuch: Steve Shagan
Aufnahmeleitung: Joseph Biroc
Musik: Frank de Vol
Bauten: Raphael Bretton
Ton: Jack Salomon
Schnitt: Michael Luciano
Choreographie: Alex Romero
Kostüme: Oscar Rodriguez
Produktion: Roburt (Robert Aldrich-Burt-Reynolds)
Laufzeit: 120 Minuten
Besetzung: Burt Reynolds (Leutnant Phil Gaines), Catherine Deneuve (Nicole Britton), Ben Johnson (Marty Hollinger), Paul Winfield (Louis Belgrave), Eileen Brennan (Paula Hollinger), Eddie Albert (Leo Sellers), Ernest Borgnine (Santoro), Catherine Bach (Peggy Summers), Jack Carter (Herbie Dalitz).

Kritik: Es ist leicht, a priori einen Film mit einem so wenig anziehenden Thema abzulehnen: die Liebe eines Callgirls und eines Polizisten, die durch eine Untersuchung über den Tod einer jungen Drogensüchtigen belastet wird. »Hustle« zeigt jedoch eindrucksvolle Szenen des Action-Films. Die Intimszenen zwischen Catherine Deneuve und Burt Reynolds transzendieren die Konventionen der Regenbogenpresse, da sie voll zynischer und verzweifelter Romantik sind. Dieser lyrische und brutale Film der Gegenwart gibt den Schauspielern ausgezeichnete Möglichkeiten, uns aufzurütteln. Filme dieser Art werden immer seltener.

(Elle)

LE SAUVAGE (Die schönen Wilden)
1975
Regie: Jean-Paul Rappeneau
Drehbuch: Jean-Paul Rappeneau und Elisabeth Rappeneau
Dialoge: Jean-Loup Dabadie
Kamera: Pierre Lhomme

Musik: Michel Legrand
Bauten: Max Douy
Ton: Harold Maury
Schnitt: Marie-Josephe Yoyotte
Produktion: Raymond Danon für Lira Films
Laufzeit: 100 Minuten
Besetzung: Yves Montand (Martin), Catherine Deneuve (Nelly),
Luigi Vannucchi (Vittorio), Tony Roberts (Alex), Dana Winters
(Jessie), Bobo Lewis (Miss Mark), Luis Gerardo Tovar (Ribero),
Vernon Dobtcheff (Mister Coleman), Gabriel Cattand (Delouis).

Kritik: Ein unmögliches Paar: der Einzelgänger (der bärtige Yves
Montand) und die Nervensäge (Catherine Deneuve). Er, der In-
dustrielle, der seine Arbeit satt hat, konzentriert sich auf den Gar-
tenbau und sie ist eine kühne Abenteuerin, die ihren Mann im
Stich gelassen hat und ratlos nach Venezuela geht. In Caracas
stößt sie auf ihn und folgt ihm in sein Haus, das auf einer einsamen
Insel gelegen ist. In dieser verlassenen Gegend führen sie ihr Leben zu zweit, haben Krach miteinander und lieben sich, leider zu
spät. Ihr Mann holt sie zurück und der verliebte Montand begibt
sich auf die Suche, fest entschlossen, sie wiederzufinden. Aus einer klassischen Ausgangsposition haben Jean-Paul Rappeneau
und Jean-Loup Dabadie eine Komödie gemacht, die voller
Schwung und Phantasie ist. Man lacht den ganzen Film hindurch.
Einige Szenen sind echte Kleinode: die Begegnung Montand-De-
neuve, ihre Telefongespräche auf der Insel, Montands Essen. Die
beiden Schauspieler verüben tolle Streiche. Montand ist sensatio-
nell als menschenscheuer Tomatenliebhaber und die Deneuve
strahlend, hervorragend, voller Ausgelassenheit und zu allem entschlossen. Ein wunderbarer Film.

(Paris-Match)

SI C'ETAIT A REFAIRE
1976
Regie: Claude Lelouch
Drehbuch und Dialoge: Claude Lelouch
Kamera: Jacques Lefrançois
Musik: Francis Lai
Schnitt: Georges Klotz
Produktion: Les Film 13
Laufzeit: 100 Minuten

Besetzung: Catherine Deneuve (Catherine Berger), Anouk Aimée (Sarah Gordon), Charles Denner (der Anwalt), Francis Huster (Patrick), Niels Arestrup (Henri Lano), Colette Baudot (Lucienne Lanot), Jean-Jacques Briot (Simon Berger), Manuella Papatakis (Sarahs Tochter), Jean-François Remy (der Bankier), Bernard Donnadieu (Claude Balue), Jacques Villeret (der Grundstücksmakler), Jean-Pierre Kalfon (der Schmuckhändler), Zoé Chauveau (Zoé)

Kritik: ... Allzu viele Verführungen sind auf die Dauer ärgerlich. Dennoch wäre es ungerecht, diesen Film als unrealistische Romanze, als Melodram zu bezeichnen. Damit würde man Lelouchs Sensibilität und seinen Instinkt für Menschen mißachten, man würde auch übersehen, was die Schauspieler alles in den Film einbringen: Schwung, Unruhe, Catherine Deneuves Schamhaftigkeit, Humor, die ausgezeichnete physische und moralische Gesundheit Anouk Aimées, die Lebhaftigkeit Francis Husters, die Intelligenz Charles Denners, die Natürlichkeit Jean-Jacques Briots. Im guten und im schlechten erinnert dieser Film an *Un homme et une femme* (Ein Mann und eine Frau, 1966). Der Erfolg dürfte ihm sicher sein.

(Jean de Borancelli, Le Monde)

ANIMA PERSA
1976
Regie: Dino Risi
Drehbuch: Bernardino Zapponi
Aufnahmeleitung: Tonino delli Colli
Musik: Francis Lai
Bauten: Luciano Ricceri
Ton: Vittorio Massi
Schnitt: Alberto Galliti
Produktion: Pio Angeletti, Adriano de Micheli
Laufzeit: 102 Minuten
Besetzung: Vittorio Gassman (Ingenieur Fabio Stolz), Catherine Deneuve (Elisa Stolz), Danilo Mattei (Tino Zanetti), Anicée Alvina (Lucia Pandin), Ester Carloni (Annetta), Michèle Capnist (der Herzog), Gino Cavalieri (Professor Sattin).

MARCH OR DIE (Marschier oder stirb)
1977
Regie: Dick Richards
Drehbuch: David Zelag Goodman
Kamera: John Alcott
Musik: Maurice Jarre
Bauten: Gil Parrondo
Ton: Ivan Sharrock
Schnitt: John Howard
Kostüme: Dick Lamotte
Produktion: Dick Richards und Jerry Bruckheimer
Laufzeit: 110 Minuten
Besetzung: Gene Hackman (William Sherman-Foster), Terence Hill (Marco Segrain), Catherine Deneuve (Simone Picard), Max von Sydow (François Marneau), Ian Holm (El Krim), Jack O'Halloran (Ivan), Rufus (Sergeant Triand), Marcel Bozuffi (Leutnant Fontaine), André Penvern (Huit Reflets), Paul Sherman (Fred Hastings), Vernon Dobtcheff (Korporal), Jean Champion (Minister), Clément Harrari (Bernard)

L'ARGENT DES AUTRES
1978
Regie: Christian de Chalonge
Drehbuch: Pierre Dumayet und Christian de Chalonge, nach dem Werk von Nancy Markham
Dialoge: Pierre Dumayet
Kamera: Jean-Louis Picavet
Musik: Patrice Mestral
Bauten: Eric Simon
Schnitt: Jean Ravel
Produktion: Fildebroc – F.R.3 – S.F.P. – Films de la Tour
Laufzeit: 105 Minuten
(Prix Louis-Delluc 1978)
Besetzung: Jean-Louis Trintignant (Henri Rainier), Claude Brasseur (Chevalier d'Aven), Michel Serrault (Miremant), Catherine Deneuve (Cecile Rainier), François Perrot (Vincent), Gérard Séty (von Nully), Raymond Bussières (Chevalier d'Aven, Vater), Michel Berto (Duval), Francis Lemaire (Torrent), Françoise Giret (Marguerite Levrier), Jean Leuvrais (Heldorff), Juliette Berto (Arlette Rivière), Umberto Orsini (Blue), Michel Delahaye (Bignon), Van Doube (Gerichtspräsident)

ECOUTE VOIR ...

1978
Regie: Hugo Santiago
Drehbuch und Dialoge: Hugo Santiago und Claude Ollier
Kamera: Ricardo Aronovich
Musik: Edgardo Canton und Michel Portal
Bauten: Emilio Carcano
Kostüme: Ursula Rodel
Schnitt: Alberto Yaccelini
Produktion: Prospectacle
Laufzeit: 124 Minuten
Uraufführung in Paris: 14. Februar 1979
Besetzung: Catherine Deneuve (Claude Alphand), Samy Frey
(Arnaud de Maule), Florence Delay (Flora Thibaud), Anne Paril-
laud (Chloe), Didier Haudepin (Claudes Sekretär), Antoine
Vitez (der »Delegierte« der Sekte)

Kritik: ... Grundidee: eine Heldin à la Humphrey Bogart steht im
Mittelpunkt dieses Abenteuers. Kein schönes amerikanisches
Mädchen, das sich an die Figur des Helden klammert, ein weibli-
cher James Bond, keine Polizistin, sondern ganz einfach eine star-
ke Frau, deren Stärke fasziniert. Aus dieser Perspektive wird Lau-
ren Bacall zwangsweise ein Mann. Alle Klischees des Schwarzen
Films werden benutzt, aber umgekehrt. Es geht nicht nur darum,
die Rollen der Personen umzukehren, sondern auch darum, die
funktionellen Teile des Krimis einzusetzen und sie umzuformen.
Dieser Film ist eine sichtbare, aber diskrete Verbeugung vor den
Meistern des Schwarzen Films wie von Sternberg, Hitchcock und
Welles. Nicht zu vergessen ist der Schatten des Dr. Mabuse, der
über dem Ganzen schwebt.

(Cinéma de France)

ILS SONT GRANDS CES PETITS

1978
Regie: Joël Santoni
Drehbuch: Joël Santoni, Jean-Claude Carrière, Daniel
Boulanger, nach einer Idee von Jean Jabely
Produktion: Norbert Saada
Besetzung: Catherine Deneuve, Claude Brasseur, Claude Piéplu,
Jean-François Balmer, Eva D'Arlan.

A NOUS DEUX (Allein zu zweit)
1979
Regie: Claude Lelouch
Drehbuch: Claude Lelouch
Kamera: Bernard Zitzermann
Musik: Francis Lai
Produktion: Claude Lelouch – Denis Héroux und Joseph Bobien
(Les Films 13 und Cinévidéo)
Laufzeit: 100 Minuten
Besetzung: Catherine Deneuve, Jacques Dutronc, Jacques
Villeret, Paul Preboist, Jacques Godin, Gérard Caillaud, Emile
Genet, Bernard Lecoq, Monique Melinand, Anne Jousset, My-
riam Mezières.

Kritik: Der Gehalt und die immer spürbare Liebe zum Kino ma-
chen aus diesem lebendigen, unterhaltenden, manchmal erschütternden, malerischen Film ein ausgezeichnetes Schauspiel. Die
Darstellung ist hervorragend. Über Jacques Villeret und Paul
Préboist erübrigt sich jedes Wort.
Die Hauptdarsteller Deneuve-Dutronc verdienen besonderen
Beifall. Dutronc liegt die humorvolle Lässigkeit besonders.
Catherine Deneuve, die immer dynamischer, gelöster wird, ist
überwältigend. Einst nannte man sie die Schauspielerin, die aus
der Kälte kommt. In diesem Film, der in Canada bei einer Tempe-
ratur unter dreißig Grad gedreht wurde, zeigt sie soviel Temperament und Feuer, daß sie das Spiel mit Bravour gewinnt. Sie bewegt sich ungeschminkt in Wind und Kälte und ist von einer
durchscheinenden Schönheit.   *(Robert Chazal, France-Soir)*

COURAGE, FUYONS
1979
Regie: Yves Robert
Drehbuch: Yves Robert und Jean-Loup Dabadie
Kamera: Yves Lafaye
Musik: Vladimir Cosma
Produktion: Alain Poiré und Yves Robert (Gaumont und La Gue-
ville)
Laufzeit: 98 Minuten
Besetzung: Catherine Deneuve, Jean Rochefort, Philippe Leroy-
Beaulieue, Dominique Lavanant, Michel Aumont, Robert
Webber, Michel Beaune, Eliane Borras.

Kritik: Robert und Dabadie haben mit verhaltener Rührung eine ziemlich schöne Liebesgeschichte gemacht, die auch dann nicht ihren Charme verliert, wenn inmitten von Serpentinen und Pappnasen einem vierzigjährigen Knaben, der sich in seinen Lügen und seiner Feigheit verfangen hat, die etwas verrutschte Maske abgenommen wird.

In diesem Film hat man Gelegenheit, sich mit Catherine Deneuve und Jean Rochefort zu amüsieren.

Sie ist lebhaft und träge, aufrichtig, geheimnisvoll und spontan. Mit seinem entschlossenen Blick strömt er kalte Würde aus, dabei hat er sich in Gedanken schon aus dem Staub gemacht. Die Eleganz der beiden verleiht dieser Fuge für elektrisches Klavier und verstimmte Geigen seinen besonderen Reiz.

(Michel Delain, L'Express)

LE DERNIER METRO (Die letzte Metro)

1980

Regie: François Truffaut

Drehbuch: François Truffaut, Suzanne Schiffman und J. Claude Grumberg

Kamera: Nestor Almendros (Farbe)

Musik: Georges Delerue

Produktion: Jean-José Richter (Les films du Carosse – TF1 – S.F.P.)

Laufzeit: 130 Minuten

Besetzung: Catherine Deneuve, Gérard Depardieu, Jean Poiret, Andrea Ferreol, Heinz Bennent, Paulette Dubost, Sabine Haudepin, Jean-Louis Richard, Marcel Berbert

Kritik: Die Schauspieler bieten hier Erstaunliches: Heinz Bennent spielt ein Raubtier im Käfig. Poiret parodiert sich selbst, Depardieu benimmt sich wie ein Seiltänzer, Jean-Louis Richard verkörpert die Paranoia von Daxiat. Doch dominierend sind die Schauspielerinnen, denn – und das ist bei Truffaut nicht verwunderlich – *Le Dernier Métro* ist ein Frauenfilm. Die kleine Schauspielerin Sabine Haudepin weiß trotz ihres zerbrechlichen Aussehens genau, was sie machen muß, um sich eine Karriere aufzubauen, Andrea Ferreol ist markant und ansprechend. Doch alle überragt Catherine Deneuve, die mit zunehmendem Alter noch schöner und geheimnisvoller wird, die nachgibt, ohne zu zerbrechen. Sie ist die Vision des ewig Weiblichen. Sie taucht ins Rampenlicht

ein, stellt sich den Zufällen des Lebens und bleibt dabei jedoch –
das Theater wünscht es so – unfaßbar. Als sie sich am Schluß Hand
in Hand mit ihrem deutschen Mann und ihrem französischen
Liebhaber verneigt, wird man an Jules und Jim erinnert.

(Jacques Siclier, Le Monde)

JE VOUS AIME
1980
Regie: Claude Berri
Drehbuch: Claude Berri
Mitarbeit beim Drehbuch: Michel Grisolia
Kamera: Etienne Becker
Musik: Serge Gainsbourg
Schnitt: Arlette Langmann
Produktion: Pierre Grunsitein (RENN Prod. – FR3 – S.N.
Cinevog)
Besetzung: Catherine Deneuve, Gérard Depardieu, Jean-Louis
Trintignant, Alain Souchon, Christian Marquand, Ysabelle
Lacamp, Vanessa Guyomar

LE CHOIX DES ARMES (Wahl der Waffen)
1981
Regie: Alain Corneau
Drehbuch: Alain Corneau und Michel Grisolia
Produktion: Alain Sarde (Sara Films, Kanal 2)
Besetzung: Catherine Deneuve, Yves Montand, Gérard
Depardieu, Gérard Lanvin.

Kritik: Ein entflohener Sträfling (Depardieu) trifft auf einen ehemaligen Ganoven und mittlerweile gesetzestreuen Bürger (Montand) und löst damit Ereignisse aus, die zum Tod der Frau (Deneuve) des einstigen Gangsters und schließlich auch dem des Aus-
brechers führen. Ein harter, effektreicher Gangsterfilm und zugleich ein Exempel auf die Sinnlosigkeit von Gewalt und dem Sieg
der Menschlichkeit.

(film-dienst)

HOTEL DES AMERIQUES
1981
Regie: André Techine
Drehbuch: André Techine und Gilles Taurand
Kamera: Bruno Nuytten
Musik: Philippe Sarde
Produktion: Alain Sarde (Sara Films)
Besetzung: Catherine Deneuve, Patrick Dewaere, Etienne Chicot, Josiana Balasko, Sabine Haudepin, François Perrot, Dominique Lavanant

THE HUNGER (Begierde)
1982
Regie: Tom Scott
Drehbuch: Ivan Davis und Michael Thomas nach einem Roman von Whitley Streiber
Kamera: Stephen Goldblatt
Musik: Michel Rubini, Denny Jaeger
Produktion: Richard Sheperd
Laufzeit: 95 Minuten
Besetzung: Catherine Deneuve, David Bowie, Susan Sarandon, Cliff de Young, Beth Ehlers

Inhalt: Miriam (Catherine Deneuve) ist eine Unsterbliche in Menschengestalt, die bei ihrer Wanderung durch die Jahrhunderte mit wechselnden Geliebten in einer Art parasitärer Symbiose lebt, indem sie ihnen einen Teil ihrer Unsterblichkeit überträgt. Ihr gegenwärtiger Gefährte John (David Bowie) entdeckt, daß er die Grenze seiner ihm gewährten Zeit erreicht hat; binnen Stunden verfällt er einem rapiden Alterungsprozeß. In New York findet er eine Ärztin, Sarah (Susan Sarandon), die auf geriatrische Prozesse spezialisiert ist und daran arbeitet, den Alterungsprozeß umzukehren. Während John das Stadium der Senilität erreicht, macht Miriam Sarah zu ihrer Geliebten. Sarah will sich ob ihrer neuen Rolle umbringen, doch ein (buchstäblicher) Auf-Stand von Miriams Geliebten, die sie in einer Galerie von Särgen auf dem Dachboden versteckt hielt, führt zu einer Umkehrung ihres Verhältnisses: Sarah tritt die Nachfolge Miriams an.

(film-dienst)

170

LE CHOC (Der Schock)
1982
Regie: Robin Davis
Drehbuch: Robin Davis und Jean Patrick Manchette
Kamera: Pierre-William Glenn
Musik: Philippe Sarde
Produktion: Alain Sarde (Sara Films-T.Films)
Laufzeit: 105 Minuten
Besetzung: Alain Delon, Catherine Deneuve, Philippe Léotard, Stéphane Audran.

Schallplatten

1974 Catherine Deneuve singt in der Originalfassung von Laszlo Szabos Film **ZIG ZIG** *Cette étoile, mon étoile* und im Duett mit Bernadette Laffont *Zig Zig*.

1978 Catherine spricht **CENDRILLON**/Cinderella nach Walt Disney auf Platten.

1979 Catherine Deneuve singt in der Originalfassung von Yves Roberts Film **COURAGE, FUYONS** das Chanson *The Lady from Amsterdam*

1980 Catherine singt in der Originalfassung von Claude Berris Film **JE VOUS AIME** im Duett mit Serge Gainsbourg *Dieu Fumeur de Havanne*.

1981 Projekt einer 30 Upm mit Chansons von Serge Gainsbourg

Auszeichnungen

Bambi (Bundesrepublik) für ihre Darstellung in LE SAUVAGE

Prix de l'archange du cinéma français, beliebteste Schauspielerin des Jahres 1975

César, beste französische Schauspielerin des Jahres (für LE DERNIER METRO, 1980)

Prix citron, ein Preis den die Presse dem Filmstar verleiht, der gegenüber Journalisten am verschlossensten und am unfreundlichsten ist.

Register